KB062740

사오정이 한문박사기 되겠대요

사오정 한자 배불리기

엮은이 김 영 배

태을출판사

머리말

　예견되는 세계적인 문화권 전이에 따른 경제·정세로 보아서
는 한자를 학습하지 않으면 안되겠는데 무엇보다도 어렵고 진전
이 없어 고민하는 분들이 우리 주변에 생각보다도 많이 계십니
다. 그래서 이 어려운 한자를 쉽게 빨리 그리고 흥미롭게 학습할
수 있는 방법은 없을까고 고심하다가 본 "사오정 한자 배불리기"
를 출간하기에 이르렀습니다.

　시중에는 양질의 교본들이 많이 있습니다만 내용들이 감성을
무시할 만큼 너무 진지하여 몇장 넘기지 못하고 체념한 분들이
많이 있습니다. 이 책은 다소 장난끼가 있다곤 하나 흐트러진 내
용을 조합해 가는 데에 흥미를 갖는다면 한자학습에 있어 커다란
성과가 있으리라 사료됩니다.

　어떤 이가 말했습니다. 이성의 친구 앞에서 한자를 능숙하게
써보고 싶은데 몇 자 쓰지 못하고 멈출 수 밖에 없는 자신을 알기
에 감히 시도조차 못한다고 푸념한 것을 들은 적이 있습니다. 이
제 그런 걱정은 하지마세요. 이 "사오정 한자 배불리기"를 이용해
보세요. 쪽마다 한자를 열 자로 단위화시켜 뿌리를 구성하였고 그
근(根)은 청춘들의 상투적인 말로 체계화하였기 때문에 다소 방
정스럽지만 쉽게 접근할 수 있고 그것을 한자 학습방법으로 인식
하게 되면 흥미는 물론 그 효과가 배가 될 것임을 확신합니다.

　부디 이 "사오정 한자 배불리기"를 이용하여 그 어려운 벽을
허물고 흥미와 효과로 이은 한자학습의 커다란 성과가 있으시길
필자는 기원합니다.

필자 김 영 배 드림

❋가족의 생일을 기억하세요.
행복이 보입니다.

❋	生 年 月 日(음력)	生 年 月 日(양력)
父		
母		
自己		
兄		
弟		
姉		
妹		

1 가격이 천오백 십원이래.

사오정의 한자학습방법

가	격	이	천	오	백	십	원	이	래
가	격	이	천	오	백	십	원	이	래
價	格	異	千	五	百	拾	圓	而	來

풀이

❖ 價格(가격) : 돈으로 나타낸 상품의 값.

❖ 五百(오백) : 백의 다섯 배.

價	값 가	價値(가치)	單價(단가)	時價(시가)
		原價(원가)	低價(저가)	定價(정가)
格	법식 격	格式(격식)	格言(격언)	缺格(결격)
		規格(규격)	性格(성격)	資格(자격)
異	다를 이	異見(이견)	異國(이국)	異例(이례)
		異變(이변)	異狀(이상)	異姓(이성)
千	일천 천	千古(천고)	千兩(천량)	千年(천년)
		千佛(천불)	三千(삼천)	千里(천리)
五	다섯 오	五角(오각)	五感(오감)	五經(오경)
		五戒(오계)	五倫(오륜)	五輪(오륜)
百	일백 백	百穀(백곡)	百方(백방)	百分(백분)
		百姓(백성)	百獸(백수)	百出(백출)
拾	열 십	拾萬(십만)	百拾(백십)	
		拾得(습득)	收拾(수습)	
圓	둥글 원	圓滿(원만)	圓盤(원반)	
		圓熟(원숙)	圓心(원심)	
而	말이을 이	學而(학이)	形而(형이)	
		似而非(사이비)		
來	올 래	來年(내년)	來日(내일)	
		來週(내주)	未來(미래)	

사오정 한자 배불리기

2 가을 창공은 파란 색깔임.

사오정의 한자학습방법

가	을	창	공	은	파	란	색	깔	임
가	을	창	공	은	파	란	색	갈	임
家	乙	蒼	空	銀	破	卵	色	渴	壬

풀이

❖ 蒼空(창공) : 푸른 하늘.

家	집가
乙	새을
蒼	푸를창
空	빌공
銀	은은
破	깨뜨릴파
卵	알란
色	빛색
渴	목마를갈
壬	천간임

家計(가계)　家具(가구)　家門(가문)
家事(가사)　家屋(가옥)　家族(가족)
乙駁(을박)　乙巳(을사)　乙種(을종)
乙丑(을축)　甲乙(갑을)
蒼茫(창망)　蒼白(창백)　蒼生(창생)
蒼天(창천)　蒼波(창파)
空間(공간)　空軍(공군)　空白(공백)
空想(공상)　空地(공지)　空港(공항)
銀幕(은막)　銀箔(은박)　銀髮(은발)
銀賞(은상)　銀行(은행)　銀貨(은화)
破鏡(파경)　破壞(파괴)　破局(파국)
破裂(파열)　破滅(파멸)　破産(파산)
卵巢(난소)　卵子(난자)　卵生(난생)
排卵(배란)　産卵(산란)　魚卵(어란)
色度(색도)　色相(색상)
色情(색정)　色紙(색지)
渴求(갈구)　渴望(갈망)
枯渴(고갈)　解渴(해갈)
壬亂(임란)　壬辰(임진)
壬午(임오)

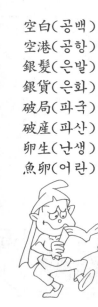

3 가진 건 없지만 사랑한다.

사오정의 한자학습방법

가	진	건	없	지	만	사	랑	한	다
가	진	건	업	지	만	사	랑	한	다
佳	眞	件	業	只	萬	士	郞	漢	多

고사성어

❖ 苛斂誅求(가렴주구) : 조세 등을 가혹하게 징수하고 물건을 청구하여 국민을 괴롭히는 일.

佳	아름다울가	佳景(가경)	佳人(가인)	佳作(가작)
		佳節(가절)	佳約(가약)	
眞	참진	眞假(진가)	眞價(진가)	眞談(진담)
		眞理(진리)	眞味(진미)	眞犯(진범)
件	사건건	件名(건명)	件數(건수)	事件(사건)
		物件(물건)	案件(안건)	用件(용건)
業	업업	業界(업계)	業務(업무)	業者(업자)
		業績(업적)	業種(업종)	業主(업주)
只	다만지	只今(지금)		
		但只(단지)		
萬	일만만	萬感(만감)	萬年(만년)	萬能(만능)
		萬代(만대)	萬無(만무)	萬物(만물)
士	선비사	士官(사관)	士氣(사기)	士兵(사병)
		講士(강사)	空士(공사)	技士(기사)
郞	사내랑	郞君(낭군)	侍郞(시랑)	
		新郞(신랑)	花郞(화랑)	
漢	한수한	漢文(한문)	漢方(한방)	
		漢陽(한양)	漢字(한자)	
多	많을다	多角(다각)	多感(다감)	
		多讀(다독)	多量(다량)	

4 가진 자가 더 무서운 거다.

사오정의 한자학습방법

가	진	자	가	더	무	서	운	거	다
가	진	자	가	도	무	서	운	거	다
加	辰	者	可	道	茂	西	雲	去	多

【고사성어】

❖ 甘言利説(감언이설) : 남에게 비위를 맞혀 달콤한 말과 이로운 조건을 거짓으로 붙여 꾀는 말.

加	더할 가	加功(가공)	加算(가산)	加速(가속)
		加入(가입)	加害(가해)	參加(참가)
辰	별 진	辰韓(진한)	日辰(일진)	
		壬辰(임진)		
者	놈 자	强者(강자)	近者(근자)	讀者(독자)
		富者(부자)	勝者(승자)	信者(신자)
可	가할 가	可決(가결)	可能(가능)	可否(가부)
		可視(가시)	認可(인가)	許可(허가)
道	길 도	道具(도구)	道路(도로)	道理(도리)
		道民(도민)	道義(도의)	道場(도장)
茂	무성할 무	茂林(무림)		
		茂盛(무성)		
西	서녘 서	西歐(서구)	西紀(서기)	西獨(서독)
		西海(서해)	西北(서북)	
雲	구름 운	雲霧(운무)	雲峰(운봉)	
		雲海(운해)	白雲(백운)	
去	갈 거	去來(거래)	去留(거류)	
		去處(거처)	除去(제거)	
多	많을 다	多變(다변)	多福(다복)	
		多少(다소)	多樣(다양)	

5 간단히 처리하자 이거는

사오정의 한자학습방법

간	단	히	처	리	하	자	이	거	는
간	단	희	처	리	하	자	이	거	능
簡	單	喜	處	理	何	字	已	巨	能

풀이

❖ 簡單(간단) : 까다롭지 않고 단순함. 간략함.

❖ 處理(처리) : 사무나 사건 등을 정리하여 치우거나 마무리 지음.

簡 간략할 간	簡潔(간결) 簡便(간편)	簡略(간략) 簡明(간명)	簡易(간이) 書簡(서간)
單 단위 단	單價(단가) 單純(단순)	單獨(단독) 單式(단식)	單番(단번) 單色(단색)
喜 기쁠 희	喜劇(희극) 喜捨(희사)	喜怒(희노) 喜悅(희열)	喜悲(희비) 歡喜(환희)
處 곳 처	處決(처결) 處方(처방)	處女(처녀) 處罰(처벌)	處理(처리) 處分(처분)
理 이치 리	經理(경리) 論理(논리)	管理(관리) 料理(요리)	道理(도리) 倫理(윤리)
何 어찌 하	何等(하등) 如何(여하)	何必(하필) 幾何(기하)	誰何(수하) 抑何(억하)
字 글자 자	字幕(자막) 俗字(속자)	字源(자원) 額字(액자)	文字(문자) 略字(약자)
已 이미 이	已往(이왕) 已往之事(이왕지사)		
巨 클 거	巨金(거금) 巨額(거액)	巨大(거대) 巨木(거목)	
能 능할 능	能動(능동) 能熟(능숙)	能力(능력) 能率(능률)	

6 감사하고 고마운 그 은혜.

사오정의 한자학습방법

감	사	하	고	고	마	운	그	은	혜
감	사	하	고	고	마	운	구	은	혜
感	謝	夏	古	高	馬	云	九	恩	惠

풀이

❖ 感謝(감사) : 고마움. 고맙게 여김.

❖ 恩惠(은혜) : 남에게 또는 자연 등에서 받는 고마운 혜택.

感	느낄 감	感覺(감각)	感激(감격)	感動(감동)
		感想(감상)	感情(감정)	感歎(감탄)
謝	사례할 사	謝過(사과)	謝禮(사례)	謝意(사의)
		謝恩(사은)	謝絕(사절)	謝罪(사죄)
夏	여름 하	夏季(하계)	夏期(하기)	夏服(하복)
		夏節(하절)	夏至(하지)	盛夏(성하)
古	옛 고	古今(고금)	古代(고대)	古木(고목)
		古物(고물)	古城(고성)	古典(고전)
高	높을 고	高見(고견)	高教(고교)	高貴(고귀)
		高級(고급)	高卒(고졸)	高層(고층)
馬	말 마	馬脚(마각)	馬券(마권)	馬場(마장)
		馬車(마차)	競馬(경마)	犬馬(견마)
云	이를 운	云謂(운위)		
		或云(혹운)		
九	아홉 구	九月(구월)	九日(구일)	
		九天(구천)	九寸(구촌)	
恩	은혜 은	恩功(은공)	恩德(은덕)	
		恩人(은인)	恩典(은전)	
惠	은혜 혜	惠國(혜국)	惠澤(혜택)	
		天惠(천혜)	特惠(특혜)	

7 갑자기 니가 보고 싶었어.

사오정의 한자학습방법

갑	자	기	니	가	보	고	싶	었	어
갑	자	기	니	가	보	고	십	억	어
甲	慈	其	泥	街	保	苦	十	抑	語

고사성어

❖ 結草報恩(결초보은) : 죽어서 혼령이 되어도 그 은혜를 잊지않고 갚는다는 말.

甲	갑옷갑	甲富(갑부)	甲乙(갑을)	甲種(갑종)
		甲板(갑판)	同甲(동갑)	還甲(환갑)
慈	사랑자	慈堂(자당)	慈母(자모)	慈悲(자비)
		慈善(자선)	慈愛(자애)	慈兄(자형)
其	그기	其實(기실)	其他(기타)	
		各其(각기)		
泥	진흙니	泥丘(이구)	泥田(이전)	
		泥中(이중)	泥土(이토)	
街	거리가	街道(가도)	街頭(가두)	街販(가판)
		商街(상가)	市街(시가)	街路(가로)
保	보전할보	保健(보건)	保管(보관)	保留(보류)
		保姆(보모)	保釋(보석)	保稅(보세)
苦	쓸고	苦惱(고뇌)	苦悶(고민)	苦杯(고배)
		苦生(고생)	苦心(고심)	苦辱(고욕)
十	열십	十戒(십계)	十代(십대)	
		十分(십분)	十字(십자)	
抑	누를억	抑留(억류)	抑壓(억압)	
		抑止(억지)	抑何(억하)	
語	말씀어	語感(어감)	語句(어구)	
		語尾(어미)	語錄(어록)	

8 강제로 명령하면 난 안해.

사오정의 한자학습방법

강	제	로	명	령	하	면	난	안	해
강	제	로	명	령	하	면	난	안	해
强	制	路	命	令	河	面	暖	案	害

풀이

❖ 强制(강제) : 본인의 의사를 무시하고 우격으로 따르게 강요함.

❖ 命令(명령) : 윗사람이 아랫사람에게 시킴. 또는 그 말.

强할 강 / 억제할 제 / 길 로 / 목숨 명 / 명령할 령 / 내 하 / 낯 면 / 따뜻할 난 / 책상 안 / 해로울 해

强攻(강공)	强國(강국)	强度(강도)
强力(강력)	强壓(강압)	强弱(강약)
制度(제도)	制動(제동)	制服(제복)
制定(제정)	制止(제지)	制限(제한)
經路(경로)	歸路(귀로)	岐路(기로)
道路(도로)	末路(말로)	迷路(미로)
命脈(명맥)	命名(명명)	命題(명제)
救命(구명)	亡命(망명)	使命(사명)
假令(가령)	口令(구령)	發令(발령)
法令(법령)	傳令(전령)	指令(지령)
河口(하구)	河馬(하마)	河川(하천)
江河(강하)	大河(대하)	渡河(도하)
面談(면담)	面貌(면모)	面目(면목)
面駁(면박)	面長(면장)	面積(면적)
暖帶(난대)	暖流(난류)	
溫暖(온난)	寒暖(한난)	
案件(안건)	勘案(감안)	
起案(기안)	代案(대안)	
害毒(해독)	害蟲(해충)	
冷害(냉해)	迫害(박해)	

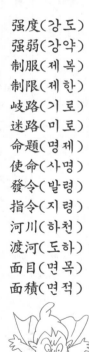

9 **갈등 하지마 중심을 잡아.**

사오정의 한자학습방법

갈	등	하	지	마	중	심	을	잡	아
갈	등	하	지	마	중	심	을	잡	아
葛	藤	荷	支	麻	中	心	乙	雜	兒

풀이

❖ 葛藤(갈등) : 정신 내부서 일어나는 서로 다른 두 가지의 욕구가 충돌하는 상태.

❖ 中心(중심) : 한가운데. 한복판. 가장 중요한 역활을 하는 곳.

葛藤	칡 갈 / 등나무등	葛根(갈근) 葛粉(갈분) 葛藤(갈등)		
荷	멜 하	荷物(하물) 荷重(하중)	荷役(하역) 出荷(출하)	
支	지탱할지	支局(지국) 支社(지사)	支部(지부)	支拂(지불)
麻	삼 마	麻衣(마의) 大麻(대마)	麻雀(마작)	
中	가운데중	中國(중국) 中位(중위)	中級(중급) 中東(중동)	中途(중도) 中心(중심)
心	마음심	心氣(심기) 心算(심산)	心慮(심려) 心性(심성)	心理(심리) 心情(심정)
乙	새 을	乙種(을종) 乙巳(을사)	乙丑(을축) 甲乙(갑을)	
雜	섞일 잡	雜穀(잡곡) 雜念(잡념)	雜鬼(잡귀) 雜多(잡다)	
兒	아이아	兒童(아동) 迷兒(미아)	兒役(아역) 産兒(산아)	

10 개도 주인만은 알아본다.

사오정의 한자학습방법

개	도	주	인	만	은	알	아	본	다
개	도	주	인	만	은	알	아	본	다
改	刀	主	人	滿	隱	謁	我	本	茶

풀이

❖ 主人(주인) : ① 한 집안을 꾸려 나가는 주가 되는 사람.
② 물건의 임자.

改	고칠 개
刀	칼 도
主	주인 주
人	사람 인
滿	찰 만
隱	숨을 은
謁	뵐 알
我	나 아
本	근본 본
茶	차 다

改良(개량)　改善(개선)　改設(개설)
改定(개정)　改造(개조)　改革(개혁)
刀劍(도검)　刀工(도공)　短刀(단도)
面刀(면도)　執刀(집도)　果刀(과도)
主管(주관)　主觀(주관)　主動(주동)
主力(주력)　主流(주류)　主張(주장)
人家(인가)　人格(인격)　人權(인권)
人德(인덕)　人道(인도)　人物(인물)
滿期(만기)　滿了(만료)　滿發(만발)
滿船(만선)　滿員(만원)　滿足(만족)
隱居(은거)　隱匿(은닉)　隱遁(은둔)
隱密(은밀)　隱身(은신)　隱語(은어)
謁見(알현)
拜謁(배알)
我軍(아군)　我執(아집)
無我(무아)　自我(자아)
本家(본가)　本科(본과)
本校(본교)　本能(본능)
茶菓(다과)　茶道(다도)
茶房(다방)　茶室(다실)

11 객지에서 고생을 한 생각.

사오정의 한자학습방법

객	지	에	서	고	생	을	한	생	각
객	지	애	서	고	생	을	한	생	각
客	地	愛	序	苦	生	乙	閑	生	各

풀이

❖ 客地(객지) : 자기가 살던 고장을 떠나 임시로 머무르는 곳.

❖ 苦生(고생) : 어렵고 힘든 생활을 함. 또는 그런 생활.

客	손 객
地	땅 지
愛	사랑 애
序	차례 서
苦	쓸 고
生	날 생
乙	새 을
閑	한가 할한
生	날 생
各	각각 각

客觀(객관)　　客舍(객사)　　客席(객석)
客室(객실)　　客地(객지)　　來客(내객)
地檢(지검)　　地境(지경)　　地區(지구)
地帶(지대)　　地圖(지도)　　地理(지리)
愛國(애국)　　愛慕(애모)　　愛撫(애무)
愛社(애사)　　愛酒(애주)　　愛憎(애증)
序曲(서곡)　　序頭(서두)　　序列(서열)
序論(서론)　　序幕(서막)　　序文(서문)
苦難(고난)　　苦悶(고민)　　苦生(고생)
苦心(고심)　　苦戰(고전)　　苦衷(고충)
生家(생가)　　生計(생계)　　生氣(생기)
生理(생리)　　生命(생명)　　生母(생모)
乙駁(을박)　　乙巳(을사)　　乙種(을종)
乙丑(을축)　　甲乙(갑을)
閑暇(한가)　　閑散(한산)
閑職(한직)　　農閑(농한)
生物(생물)　　生父(생부)
生産(생산)　　生鮮(생선)
各界(각계)　　各國(각국)
各道(각도)　　各別(각별)

12 가물거리는 당신의 모습.

사오정의 한자학습방법

가	물	거	리	는	당	신	의	모	습
가	물	거	리	능	당	신	의	모	습
假	物	居	里	能	當	身	義	貌	習

풀이

❖ 當身(당신) : 부부간이나 사랑하는 사이에 서로 상대편을 일컫는 말.

假	거짓가	假令(가령)	假面(가면)	假名(가명)
		假拂(가불)	假說(가설)	假定(가정)
物	만물물	物件(물건)	物權(물권)	物望(물망)
		物色(물색)	物慾(물욕)	物議(물의)
居	살거	居室(거실)	居住(거주)	居處(거처)
		起居(기거)	同居(동거)	別居(별거)
里	마을리	理數(이수)	里長(이장)	萬里(만리)
		五里(오리)	十里(십리)	海里(해리)
能	능할능	可能(가능)	機能(기능)	萬能(만능)
		無能(무능)	本能(본능)	可能(가능)
當	마땅할당	當局(당국)	當代(당대)	當到(당도)
		當落(당락)	當面(당면)	當番(당번)
身	몸신	身檢(신검)	身命(신명)	身邊(신변)
		身病(신병)	身分(신분)	身上(신상)
義	옳을의	義擧(의거)	義兵(의병)	
		義憤(의분)	義士(의사)	
貌	모양모	模樣(모양)	美貌(미모)	
		變貌(변모)	外貌(외모)	
習	익힐습	習慣(습관)	習性(습성)	
		見習(견습)	教習(교습)	

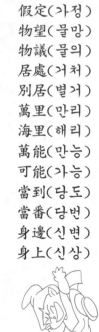

13 각오해라, 안하면은 죽어.

사오정의 한자학습방법

각	오	해	라	안	하	면	은	죽	어
각	오	해	라	안	하	면	은	죽	어
覺	悟	亥	羅	安	下	免	恩	竹	魚

풀이

❖ 覺悟(각오) : 앞으로 닥칠 일에 대비하여 마음의 준비를 함. 또는 그 준비.

覺	깨달을각	覺書(각서)	覺醒(각성)	感覺(감각)
		味覺(미각)	視覺(시각)	自覺(자각)
悟	깨달을오	覺悟(각오)		
		大悟(대오)		
亥	돼지해	亥年(해년)	亥時(해시)	亥日(해일)
		乙亥(을해)	丁亥(정해)	
羅	그물라	羅紗(나사)	羅城(나성)	羅漢(나한)
		網羅(망라)	新羅(신라)	耽羅(탐라)
安	평안할안	安寧(안녕)	安否(안부)	安眠(안면)
		安心(안심)	安危(안위)	安易(안이)
下	아래하	下降(하강)	下級(하급)	下記(하기)
		下納(하납)	下段(하단)	下官(하관)
免	면할면	免稅(면세)	免役(면역)	免疫(면역)
		免除(면제)	免罪(면죄)	免職(면직)
恩	은혜은	恩寵(은총)	恩惠(은혜)	
		師恩(사은)	報恩(보은)	
竹	대죽	竹刀(죽도)	竹筍(죽순)	
		長竹(장죽)	松竹(송죽)	
魚	물고기어	魚卵(어란)	魚類(어류)	
		魚肉(어육)	魚種(어종)	

14 거기두고 가야만 하다니.

사오정의 한자학습방법

거	기	두	고	가	야	만	하	다	니
거	기	두	고	가	야	만	하	다	니
擧	己	斗	固	歌	也	晩	下	茶	泥

고사성어

❖ 敬而遠之(경이원지) : ① 겉으로는 공경하는 척하나 속으로는 멀리함. ② 존경하기는 하되 가까이하지 아니함.

擧	들 거	擧國(거국)	擧動(거동)	擧論(거론)
		擧名(거명)	擧事(거사)	擧行(거행)
己	몸 기	己卯(기묘)	己未(기미)	克己(극기)
		利己(이기)	自己(자기)	知己(지기)
斗	말 두	斗升(두승)	斗屋(두옥)	北斗(북두)
		泰斗(태두)		
固	굳을 고	固守(고수)	固有(고유)	固定(고정)
		固執(고집)	固體(고체)	堅固(견고)
歌	노래 가	歌曲(가곡)	歌舞(가무)	歌辭(가사)
		歌手(가수)	歌謠(가요)	歌唱(가창)
也	어조사 야	獨也(독야)		
		是也(시야)		
晩	늦을 만	晩年(만년)	晩鐘(만종)	晩秋(만추)
		晩學(만학)	晩成(만성)	晩婚(만혼)
下	아래 하	下略(하략)	下流(하류)	
		下賜(하사)	下船(하선)	
茶	차 다	茶菓(다과)	茶道(다도)	
		茶房(다방)	茶室(다실)	
泥	진흙 니	泥丘(이구)	泥田(이전)	
		泥中(이중)	泥土(이토)	

15 건배! 우리 사랑을 위하여.

사오정의 한자학습방법

건	배	우	리	사	랑	을	위	하	여
건	배	우	리	사	랑	을	위	하	여
乾	杯	于	利	仕	浪	乙	爲	夏	余

풀이

❖ 乾杯(건배) : 여러 사람이 경사를 축하하거나 건강을 기원하면서 함께 술잔을 들어 잔을 부딪혀 마시는 일.

乾 마를 건	乾坤(건곤)	乾期(건기)	乾達(건달)
	乾性(건성)	乾濕(건습)	乾燥(건조)
杯 잔 배	乾杯(건배)	苦杯(고배)	三杯(삼배)
	一杯(일배)	再杯(재배)	祝杯(축배)
于 어조사우	于先(우선)		
	于山國(우산국)		
利 이로울리	利己(이기)	利得(이득)	利息(이식)
	利用(이용)	利潤(이윤)	利率(이율)
仕 벼슬 사	給仕(급사)		
	奉仕(봉사)		
浪 물결랑	浪漫(낭만)	浪費(낭비)	浪説(낭설)
	放浪(방랑)	流浪(유랑)	風浪(풍랑)
乙 새 을	乙駁(을박)	乙巳(을사)	乙種(을종)
	乙丑(을축)	甲乙(갑을)	
爲 할 위	爲始(위시)	爲人(위인)	
	爲主(위주)	當爲(당위)	
夏 여름하	夏季(하계)	夏期(하기)	
	夏節(하절)	夏至(하지)	
余 나 여	余等(여등)		
	余月(여월)		

16 검소한 생활이 내 신조다.

사오정의 한자학습방법

검	소	한	생	활	이	내	신	조	다
검	소	한	생	활	이	내	신	조	다
儉	素	限	生	活	異	奈	信	條	茶

풀이

❖ 儉素(검소) : 사치하지 않고 꾸밈이 없이 수수함.
❖ 生活(생활) : 살아서 활동함. 생계를 유지하여 살아 나감.
❖ 信條(신조) : 굳게 믿어 지키고 있는 생각.

儉	검소할 검	儉素(검 소)	儉約(검 약)	勤儉(근 검)
		王儉(왕 검)		
素	흴 소	素望(소 망)	素朴(소 박)	素養(소 양)
		素材(소 재)	素質(소 질)	素行(소 행)
限	한정할 한	限界(한 계)	限度(한 도)	限定(한 정)
		局限(국 한)	權限(권 한)	年限(연 한)
生	날 생	生疎(생 소)	生水(생 수)	生時(생 시)
		生食(생 식)	生辰(생 신)	生涯(생 애)
活	살 활	活氣(활 기)	活動(활 동)	活路(활 로)
		活潑(활 발)	活用(활 용)	活字(활 자)
異	다를 이	異見(이 견)	異國(이 국)	異例(이 례)
		異色(이 색)	異性(이 성)	異姓(이 성)
奈	어찌 내	奈何(내 하)		
		可奈(가 내)		
信	믿을 신	信念(신 념)	信徒(신 도)	
		信望(신 망)	信奉(신 봉)	
條	가지 조	條件(조 건)	條理(조 리)	
		條文(조 문)	條約(조 약)	
茶	차 다	茶菓(다 과)	茶道(다 도)	
		茶房(다 방)	茶室(다 실)	

17 게시판의 대자보 내용은?

사오정의 한자학습방법

게	시	판	의	대	자	보	내	용	은
게	시	판	의	대	자	보	내	용	은
揭	示	板	依	大	字	報	內	容	殷

풀이

❖ 揭示板(게시판) : 게시하는 글·그림·사진 따위를 붙이는 판.
❖ 大字報(대자보) : 대형의 벽신문이나 벽보.
❖ 內容(내용) : 글이나 말 따위에 나타나 있는 사항. 어떤 일의 줄거리가 되는 것.

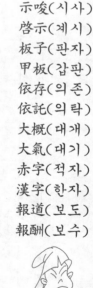

揭	높이들게
示	보일시
板	널판
依	의지할의
大	클대
字	문자자
報	갚을보
內	안내
容	얼굴용
殷	은나라은

揭揚(게양)
揭示(게시)
示達(시달)　　示範(시범)　　示唆(시사)
示威(시위)　　揭示(게시)　　啓示(계시)
板刻(판각)　　板木(판목)　　板子(판자)
板紙(판지)　　看板(간판)　　甲板(갑판)
依據(의거)　　依賴(의뢰)　　依存(의존)
依支(의지)　　依他(의타)　　依託(의탁)
大家(대가)　　大綱(대강)　　大概(대개)
大國(대국)　　大權(대권)　　大氣(대기)
誤字(오자)　　日字(일자)　　赤字(적자)
正字(정자)　　脫字(탈자)　　漢字(한자)
報告(보고)　　報答(보답)　　報道(보도)
報復(보복)　　報償(보상)　　報酬(보수)
內閣(내각)　　內科(내과)
內陸(내륙)　　內幕(내막)
容共(용공)　　容器(용기)
容量(용량)　　容貌(용모)
殷國(은국)
殷盛(은성)

18 격일제로 근무한 회사다.

사오정의 한자학습방법

격	일	제	로	근	무	한	회	사	다
격	일	제	로	근	무	한	회	사	다
隔	日	制	露	勤	務	恨	會	社	多

 풀이

❖ 隔日制(격일제) : 하루를 거르거나 하루씩 거르는 제도.
❖ 勤務(근무) : 직장 등에 적을 두고 일을 맡아 봄.
❖ 會社(회사) : 영리사업을 목적으로 하여 설립된 사단 법인.

隔 막힐 격	隔年(격 년) 隔離(격 리) 隔月(격 월)
	隔差(격 차) 間隔(간 격)
日 날 일	日刊(일 간) 日間(일 간) 日計(일 계)
	日課(일 과) 日記(일 기) 日當(일 당)
制 억제할제	制限(제 한) 制憲(제 헌) 强制(강 제)
	牽制(견 제) 規制(규 제) 稅制(세 제)
露 이슬 로	露骨(노 골) 露宿(노 숙) 露店(노 점)
	露呈(노 정) 露天(노 천) 露出(노 출)
勤 부지런할근	勤儉(근 검) 勤勉(근 면) 皆勤(개 근)
	缺勤(결 근) 夜勤(야 근) 出勤(출 근)
務 힘쓸 무	激務(격 무) 兼務(겸 무) 勤務(근 무)
	勞務(노 무) 服務(복 무) 常務(상 무)
恨 원한 한	恨歎(한 탄) 餘恨(여 한) 怨恨(원 한)
	遺恨(유 한) 痛恨(통 한) 悔恨(회 한)
會 모일 회	會見(회 견) 會館(회 관)
	會談(회 담) 會同(회 동)
社 모일 사	社告(사 고) 社規(사 규)
	社屋(사 옥) 社員(사 원)
多 많을 다	多彩(다 채) 多幸(다 행)
	雜多(잡 다) 最多(최 다)

19 견마지로는 곧, 인격이다.

사오정의 한자학습방법

견	마	지	로	는	곧	인	격	이	다
견	마	지	로	능	공	인	격	이	다
犬	馬	之	勞	能	工	人	格	貳	多

풀이

❖ 犬馬之勞(견마지로) : 자기의 노력을 겸손하게 이르는 말.
❖ 人格(인격) : ①사람의 품격. ②온갖 행위를 함에 있어서 스스로 책임을 질 자격을 가진 독립된 개인.

犬	개견	狂犬(광견)	軍犬(군견)	猛犬(맹견)
		名犬(명견)	愛犬(애견)	忠犬(충견)
馬	말마	名馬(명마)	木馬(목마)	白馬(백마)
		乘馬(승마)	出馬(출마)	行馬(행마)
之	갈지	易之(역지)		
		思之(사지)		
勞	힘쓸로	勞苦(노고)	勞困(노곤)	勞力(노력)
		勞務(노무)	勞使(노사)	
能	능할능	性能(성능)	藝能(예능)	有能(유능)
		才能(재능)	全能(전능)	效能(효능)
工	장인공	工高(공고)	工具(공구)	工團(공단)
		工事(공사)	工業(공업)	工場(공장)
人	사람인	人物(인물)	人夫(인부)	人生(인생)
		人性(인성)	人心(인심)	人員(인원)
格	법식격	規格(규격)	性格(성격)	
		嚴格(엄격)	資格(자격)	
貳	두이	貳心(이심)	貳拾(이십)	
		貳千(이천)	貳萬(이만)	
多	많을다	多角(다각)	多感(다감)	
		多量(다량)	多忙(다망)	

20 결혼을 우린 약속한 사이.

사오정의 한자학습방법

결	혼	을	우	린	약	속	한	사	이
결	혼	을	우	린	약	속	한	사	이
結	婚	乙	右	隣	約	束	旱	巳	異

 풀이

❖ 結婚(결혼) : 남녀가 정식으로 부부 관계를 맺음.

❖ 約束(약속) : 앞으로의 일에 관하여 상대방과 서로 결정하여 둠.

結	맺을 결	結果(결과)	結局(결국)	結論(결론)
		結成(결성)	結實(결실)	結合(결합)
婚	혼인 혼	婚期(혼기)	婚談(혼담)	婚禮(혼례)
		婚費(혼비)	婚事(혼사)	婚需(혼수)
乙	새 을	乙駁(을박)	乙巳(을사)	乙種(을종)
		乙丑(을축)	甲乙(갑을)	
右	오른쪽 우	右記(우기)	右側(우측)	右派(우파)
		左右(좌우)		
隣	이웃 린	隣近(인근)	隣邦(인방)	隣接(인접)
		善隣(선린)		
約	맺을 약	約款(약관)	約束(약속)	約定(약정)
		約婚(약혼)	契約(계약)	誓約(서약)
束	묶을 속	束縛(속박)	結束(결속)	拘束(구속)
		團束(단속)	約束(약속)	
旱	가물 한	旱魃(한발)	旱災(한재)	
		旱害(한해)		
巳	뱀 사	巳年(사년)	乙巳(을사)	
		巳時(사시)		
異	다를 이	異見(이견)	異國(이국)	
		異色(이색)	異性(이성)	

21 걸려온 전화의 그 목소리.

사오정의 한자학습방법

걸	려	온	전	화	의	그	목	소	리
걸	려	온	전	화	의	구	목	소	리
傑	麗	溫	電	話	矣	口	目	消	梨

풀이

❖ 電話(전화) : ① 전화기로 말을 주고 받는 일. ② 〈전화기〉의 준말.

傑	호걸 걸
麗	고울 려
溫	따뜻할 온
電	번개 전
話	말씀 화
矣	어조사 의
口	입 구
目	눈 목
消	끌 소
梨	배 리

傑物(걸물)　　傑作(걸작)　　傑出(걸출)
女傑(여걸)　　人傑(인걸)　　豪傑(호걸)
麗句(여구)　　美麗(미려)　　秀麗(수려)
華麗(화려)
溫度(온도)　　溫床(온상)　　溫水(온수)
溫順(온순)　　溫室(온실)　　溫情(온정)
電工(전공)　　電氣(전기)　　電力(전력)
電流(전류)　　電報(전보)　　電送(전송)
話術(화술)　　話題(화제)　　談話(담화)
對話(대화)　　童話(동화)　　秘話(비화)
萬事休矣(만사휴의)
汝矣島(여의도)
口令(구령)　　口述(구술)　　口實(구실)
口傳(구전)　　入口(입구)　　出口(출구)
目錄(목록)　　目的(목적)
目標(목표)　　科目(과목)
消極(소극)　　消毒(소독)
消滅(소멸)　　消耗(소모)
梨落(이락)
梨花(이화)

22 겸손한 이 사람이 난 좋아.

사오정의 한자학습방법

겸	손	한	이	사	람	이	난	좋	아
겸	손	한	이	사	람	이	난	조	아
謙	遜	韓	移	寺	覽	夷	難	兆	牙

 풀이

❖ 謙遜(겸손) : 남을 높이고 자기를 낮추는 태도.

謙 겸손할겸	謙讓(겸양)	謙虛(겸허)	
	謙德(겸덕)		
遜 겸손손	遜色(손색)	謙遜(겸손)	恭遜(공손)
	不遜(불손)		
韓 나라한	韓國(한국)	韓美(한미)	韓服(한복)
	大韓(대한)	對韓(대한)	來韓(내한)
移 옮길이	移管(이관)	移動(이동)	移民(이민)
	移徙(이사)	移送(이송)	移植(이식)
寺 절사	寺院(사원)	寺址(사지)	寺刹(사찰)
	寺塔(사탑)	山寺(산사)	
覽 볼람	觀覽(관람)	閱覽(열람)	便覽(편람)
	回覽(회람)	博覽(박람)	展覽(전람)
夷 오랑캐이	東夷(동이)		
	蠻夷(만이)		
難 어려울난	難堪(난감)	難關(난관)	
	難民(난민)	難色(난색)	
兆 조짐조	吉兆(길조)	亡兆(망조)	
	前兆(전조)	徵兆(징조)	
牙 어금니아	牙城(아성)	齒牙(치아)	
	象牙(상아)		

23 경치가 매우 아름다웠다.

사오정의 한자학습방법

경	치	가	매	우	아	름	다	웠	다
경	치	가	매	우	아	름	다	원	다
景	致	架	買	宇	芽	凜	茶	元	多

풀이

❖ 景致(경치) : 산이나 강 따위의 자연의 아름다운 모습. 경관. 풍경.

景觀(경관)	景氣(경기)	景致(경치)
光景(광경)	背景(배경)	夜景(야경)
致富(치부)	致死(치사)	致明(치명)
致辭(치사)	致誠(치성)	致賀(치하)
架橋(가교)	架設(가설)	書架(서가)
高架(고가)	十字架(십자가)	
買占(매점)	買物(매물)	競買(경매)
購買(구매)	賣買(매매)	不買(불매)
宇屋(우옥)		
宇宙(우주)		
芽接(아접)		
發芽(발아)		
凜烈(늠렬)	凜凜(늠름)	
凜然(늠연)	凜秋(늠추)	
茶菓(다과)	茶道(다도)	
茶房(다방)	茶室(다실)	
元金(원금)	元年(원년)	
元素(원소)	元帳(원장)	
多變(다변)	多福(다복)	
多少(다소)	多樣(다양)	

景 경치 경 / 致 이를 치 / 架 시렁 가 / 買 살 매 / 宇 집 우 / 芽 싹 아 / 凜 찰 름 / 茶 차 다 / 元 으뜸 원 / 多 많을 다

24 계산은 내가 할거야. 참아.

사오정의 한자학습방법

계	산	은	내	가	할	거	야	참	아
계	산	은	내	가	할	거	야	참	아
計	算	銀	乃	暇	割	距	夜	參	雅

풀이

❖ 計算(계산) : ① 수량이나 액수 따위를 셈함. ② 식을 연
산하여 수치를 구하여 내는 일.

計 셈할계	計巧(계교)	計略(계략)	計座(계좌)
	計策(계책)	計劃(계획)	設計(설계)
算 셈할산	算數(산수)	算術(산술)	算入(산입)
	算定(산정)	算出(산출)	決算(결산)
銀 은은	銀行(은행)	産銀(산은)	商銀(상은)
	世銀(세은)	市銀(시은)	韓銀(한은)
乃 이에내	乃至(내지)	乃綜(내종)	
	人乃天(인내천)		
暇 한가할가	病暇(병가)	閑暇(한가)	休暇(휴가)
	餘暇(여가)		
割 나눌할	割當(할당)	割愛(할애)	割引(할인)
	分割(분할)	役割(역할)	割賦(할부)
距 떨어질거	距離(거리)		
夜 밤야	夜景(야경)	夜光(야광)	
	夜食(야식)	夜深(야심)	
參 참여할참	參加(참가)	參見(참견)	
	參謀(참모)	參拜(참배)	
雅 아담할아	雅量(아량)	雅號(아호)	
	優雅(우아)	淸雅(청아)	

25 고민 하지말고 말해 보렴.

사오정의 한자학습방법

고	민	하	지	말	고	말	해	보	렴
고	민	하	지	말	고	말	해	보	렴
苦	悶	賀	枝	末	考	沫	解	步	廉

 풀이

❖ 苦悶(고민) : 괴로워하고 속을 태움.

苦 쓸 고	苦心(고심)	苦辱(고욕)	苦戰(고전)
	苦痛(고통)	苦學(고학)	勞苦(노고)
悶 번민할 민	苦悶(고민)		
	煩悶(번민)		
賀 하례 하	賀客(하객)	賀禮(하례)	慶賀(경하)
	謹賀(근하)	祝賀(축하)	致賀(치하)
枝 가지 지	枝葉(지엽)	金枝(금지)	接枝(접지)
末 끝 말	末日(말일)	結末(결말)	粉末(분말)
	始末(시말)	月末(월말)	週末(주말)
考 상고할 고	考課(고과)	考慮(고려)	考查(고사)
	考察(고찰)	備考(비고)	熟考(숙고)
沫 거품 말	泡沫(포말)		
解 풀 해	解決(해결)	解禁(해금)	
	解毒(해독)	解得(해득)	
步 걸음 보	步道(보도)	步調(보조)	
	步幅(보폭)	步行(보행)	
廉 청렴할 렴	廉價(염가)	廉恥(염치)	
	低廉(저렴)	清廉(청렴)	

26 곡식알이 익으면 숙인다.

사오정의 한자학습방법

곡	식	알	이	익	으	면	숙	인	다
곡	식	알	이	익	의	면	숙	인	다
穀	食	謁	以	益	意	勉	叔	引	茶

풀이

❖ 穀食(곡식) : 양식이 되는 쌀·보리·조·콩 따위를 통틀어 이르는 말. 곡물.

穀	곡식 곡
食	먹을 식
謁	뵐 알
以	써 이
益	더할 익
意	뜻 의
勉	힘쓸 면
叔	아재비 숙
引	끌 인
茶	차 다

穀價(곡가)　　穀類(곡류)　　穀物(곡물)
穀食(곡식)　　糧穀(양곡)　　米穀(미곡)
食口(식구)　　食器(식기)　　食單(식단)
食堂(식당)　　食費(식비)　　食品(식품)
謁見(알현)
拜謁(배알)
以南(이남)　　以內(이내)　　以北(이북)
以上(이상)　　以外(이외)　　以前(이전)
公益(공익)　　國益(국익)　　權益(권익)
利益(이익)　　無益(무익)　　損益(손익)
意見(의견)　　意圖(의도)　　意外(의외)
意慾(의욕)　　意義(의의)　　意志(의지)
勉學(면학)
勤勉(근면)
叔母(숙모)　　叔父(숙부)
堂叔(당숙)　　叔姪(숙질)
引導(인도)　　引力(인력)
引率(인솔)　　引揚(인양)
茶菓(다과)　　茶道(다도)
茶房(다방)　　茶室(다실)

27 골치 아파. 저리 좀 가. 임마.

사오정의 한자학습방법

골	치	아	파	저	리	좀	가	임	마
골	치	아	파	저	리	종	가	임	마
骨	治	亞	波	著	李	宗	嘉	賃	磨

고사성어

❖ 苦盡甘來(고진감래): 쓴 것이 다하면 단 것이 온다는 고사로써 곧 고생이 끝나면 영화가 온다는 말.

骨	뼈 골	骨格(골격)	骨材(골재)	骨折(골절)
		牛骨(우골)	接骨(접골)	骨肉(골육)
治	다스릴 치	治療(치료)	治安(치안)	治粧(치장)
		治績(치적)	治下(치하)	法治(법치)
亞	버금 아	亞鉛(아연)	亞洲(아주)	
		東亞(동아)		
波	물결 파	波高(파고)	波及(파급)	波濤(파도)
		波動(파동)	波浪(파랑)	波紋(파문)
著	나타날 저	著名(저명)	著書(저서)	著述(저술)
		著者(저자)	共著(공저)	編著(편저)
李	오얏 리	李氏(이씨)	李朝(이조)	
		李花(이화)		
宗	마루 종	宗家(종가)	宗教(종교)	宗孫(종손)
		宗氏(종씨)	宗族(종족)	宗親(종친)
嘉	아름다울 가	嘉納(가납)		
		嘉禮(가례)		
賃	품팔 임	賃金(임금)	賃貸(임대)	
		工賃(공임)	無賃(무임)	
磨	갈 마	磨滅(마멸)	磨耗(마모)	
		研磨(연마)	鍊磨(연마)	

28 공급과 수요가 경제이다.

사오정의 한자학습방법

공	급	과	수	요	가	경	제	이	다
공	급	과	수	요	가	경	제	이	다
供	給	課	需	要	嫁	經	濟	伊	多

풀이

❀ 供給(공급) : 요구나 필요에 따라 물품 따위를 제공함.
❀ 需要(수요) : 필요한 상품을 얻고자 하는 일.
❀ 經濟(경제) : 인간이 공동 생활을 하는데 필요한 재화를 획득·이용하는 활동 및 이를 통하여 이루어지는 사회 관계.

供	이바지공	供給(공급)	供出(공출)	佛供(불공)
		提供(제공)	供託(공탁)	
給	줄 급	給料(급료)	給付(급부)	給水(급수)
		給食(급식)	給與(급여)	給油(급유)
課	조목 과	課稅(과세)	課業(과업)	課長(과장)
		課程(과정)	課題(과제)	日課(일과)
需	구할 수	需給(수급)	需用(수용)	軍需(군수)
		內需(내수)	婚需(혼수)	
要	중요할요	要件(요건)	要求(요구)	要望(요망)
		要塞(요새)	要所(요소)	要素(요소)
嫁	시집갈가	改嫁(개가)	再嫁(재가)	
		出嫁(출가)		
經	경서 경	經過(경과)	經歷(경력)	經路(경로)
		經理(경리)	經費(경비)	經驗(경험)
濟	구제할제	濟民(제민)	經濟(경제)	
		未濟(미제)	辨濟(변제)	
伊	저 이	伊太利(이태리)		
		黃眞伊(황진이)		
多	많을 다	多彩(다채)	多幸(다행)	
		雜多(잡다)	最多(최다)	

29 과감히 해내어 대견하다.

사오정의 한자학습방법

과	감	히	해	내	어	대	견	하	다
과	감	희	해	내	어	대	견	하	다
果	敢	稀	該	内	漁	帶	肩	下	茶

풀이

❖ 果敢(과감) : 과단성이 있고 용감함.

果	실과 과	果樹(과수)	果實(과실)	果然(과연)
		結果(결과)	成果(성과)	效果(효과)
敢	구태여감	敢鬪(감투)	敢行(감행)	勇敢(용감)
		焉敢(언감)		
稀	드물 희	稀貴(희귀)	稀微(희미)	稀薄(희박)
		稀釋(희석)	稀姓(희성)	稀少(희소)
該	씨 핵	該當(해당)		
		該博(해박)		
内	안 내	内服(내복)	内部(내부)	内紛(내분)
		内賓(내빈)	内査(내사)	内需(내수)
漁	고기잡을 어	漁具(어구)	漁撈(어로)	漁網(어망)
		漁夫(어부)	漁船(어선)	漁業(어업)
帶	띠 대	帶劍(대검)	帶同(대동)	暖帶(난대)
		附帶(부대)	世帶(세대)	溫帶(온대)
肩	어깨 견	肩骨(견골)		
		肩章(견장)		
下	아래 하	下降(하강)	下級(하급)	
		下記(하기)	下納(하납)	
茶	차 다	茶菓(다과)	茶道(다도)	
		茶房(다방)	茶室(다실)	

30 곽씨성을 가진 저 사람이.

사오정의 한자학습방법

곽	씨	성	을	가	진	저	사	람	이
곽	씨	성	을	가	진	저	사	람	이
郭	氏	姓	乙	稼	進	貯	寺	藍	爾

풀이

❖ 郭氏姓(곽씨성) : 곽(郭)이란 성의 성씨.

郭 성곽 곽	城郭(성곽)
	郭氏(곽씨)
氏 성씨 씨	氏名(씨명)　氏族(씨족)　某氏(모씨)
	攝氏(섭씨)　姓氏(성씨)　宗氏(종씨)
姓 성 성	姓名(성명)　姓銜(성함)　他姓(타성)
	稀姓(희성)
乙 새 을	乙駁(을박)　乙巳(을사)　乙種(을종)
	乙丑(을축)　甲乙(갑을)
稼 농사 가	稼得(가득)
	稼動率(가동률)
進 나아갈 진	進軍(진군)　進級(진급)　進度(진도)
	進路(진로)　進步(진보)　進入(진입)
貯 쌓을 저	貯金(저금)　貯水(저수)　貯藏(저장)
	貯蓄(저축)
寺 절 사	寺院(사원)　寺址(사지)
	寺塔(사탑)　山寺(산사)
藍 푸를 람	藍縷(남루)　藍色(남색)
	搖籃(요람)
爾 너 이	爾時(이시)　爾汝(이여)
	爾餘(이여)

31 관계있는 일이야. 이 일이?

사오정의 한자학습방법

관	계	있	는	일	이	야	이	일	이
관	계	익	능	일	이	야	이	일	이
關	係	翼	能	壹	二	夜	怡	一	夷

고사성어

❖ 苛斂誅求(가렴주구) : 조세 등을 가혹하게 징수하고 물건을 청구하여 국민을 괴롭히는 일.

關 빗장관	關鍵(관건)	關聯(관련)	關門(관문)
	關心(관심)	關與(관여)	相關(상관)
係 맬계	契員(계원)	係長(계장)	
	係數(계수)		
翼 날개익	右翼(우익)		
	左翼(좌익)		
能 능할능	能動(능동)	能力(능력)	能率(능률)
	能熟(능숙)	能通(능통)	技能(기능)
壹 한일	壹是(일시)	壹意(일의)	壹百(일백)
	壹千(일천)	壹萬(일만)	壹億(일억)
二 두이	二等(이등)	二分(이분)	二重(이중)
	二次(이차)	二千(이천)	二萬(이만)
夜 밤야	夜行(야행)	夜話(야화)	晝夜(주야)
	徹夜(철야)	初夜(초야)	秋夜(추야)
怡 기쁠이	怡色(이색)	怡神(이신)	
	怡顔(이안)		
一 한일	一括(일괄)	一國(일국)	
	一念(일념)	一旦(일단)	
夷 오랑캐이	東夷(동이)		
	蠻夷(만이)		

32 괄시하지 마라. 두고 보자.

사오정의 한자학습방법

괄	시	하	지	마	라	두	고	보	자
괄	시	하	지	마	라	두	고	보	자
恝	視	夏	知	馬	螺	豆	姑	譜	姉

풀이

❖ 恝視(괄시) : 없신여겨 하찮게 대함.

恝	여유없을괄	恝待(괄대)		
		恝然(괄연)		
視	볼시	視覺(시각)	視界(시계)	視力(시력)
		視野(시야)	視點(시점)	視差(시차)
夏	여름하	夏季(하계)	夏期(하기)	夏服(하복)
		夏節(하절)	夏至(하지)	盛夏(성하)
知	알지	知覺(지각)	知性(지성)	感知(감지)
		告知(고지)	諒知(양지)	未知(미지)
馬	말마	馬脚(마각)	馬券(마권)	馬場(마장)
		馬車(마차)	競馬(경마)	名馬(명마)
螺	소라라	螺絲(나사)		
		螺線(나선)		
豆	콩두	豆腐(두부)	豆乳(두유)	豆油(두유)
		大豆(대두)	綠豆(녹두)	
姑	시어머니고	姑婦(고부)	姑從(고종)	
		姑母(고모)		
譜	계보보	家寶(가보)	系譜(계보)	
		樂譜(악보)	族譜(족보)	
姉	맏누이자	姉妹(자매)	姉母(자모)	
		姉兄(자형)		

33

광고는 소비를 부추긴다.

사오정의 한자학습방법

광	고	는	소	비	를	부	추	긴	다
광	고	능	소	비	률	부	추	긴	다
廣	告	能	消	費	率	賦	醜	緊	多

풀이

❖ 廣告(광고) : 상품 등의 상업 선전, 또는 그것을 위한 글이나 그림.

❖ 消費(소비) : 돈이나 물건, 또는 시간 · 노력 따위를 써서 없앰.

廣	넓을 광	廣野(광야)	廣域(광역)	廣場(광장)
		廣闊(광활)		
告	알릴 고	告發(고발)	告白(고백)	告別(고별)
		告訴(고소)	告知(고지)	警告(경고)
能	능할 능	可能(가능)	機能(기능)	萬能(만능)
		無能(무능)	本能(본능)	不能(불능)
消	끌 소	消日(소일)	消風(소풍)	消火(소화)
		抹消(말소)	取消(취소)	解消(해소)
費	비용 비	費用(비용)	經費(경비)	浪費(낭비)
		旅費(여비)	私費(사비)	會費(회비)
率	비율 률	能率(능률)	勝率(승률)	
		確率(확률)		
賦	구실 부	賦課(부과)	賦金(부금)	賦與(부여)
		月賦(월부)	天賦(천부)	割賦(할부)
醜	추할 추	醜男(추남)	醜女(추녀)	
		醜惡(추악)	醜態(추태)	
緊	긴요할 긴	緊密(긴밀)	緊要(긴요)	
		緊迫(긴박)	緊張(긴장)	
多	많을 다	多角(다각)	多感(다감)	
		多量(다량)	多忙(다망)	

34 괘씸한 녀석, 사라져 버려.

사오정의 한자학습방법

괘	씸	한	녀	석	사	라	져	버	려
괘	심	한	녀	석	사	라	저	부	려
掛	甚	寒	女	昔	四	羅	底	扶	勵

고사성어

❖ 巧言令色(교언영색): 남의 환심을(歡心을) 사기 위하여 아첨하는 교묘한 말과 보기 좋게 꾸미는 얼굴빛.

掛 걸 괘	掛冠(괘관) 掛鍾(괘종)	掛念(괘념)	掛圖(괘도)
甚 심할 심	甚惡(심악) 深甚(심심)	激甚(격심) 滋甚(자심)	極甚(극심)
寒 찰 한	寒氣(한기) 寒波(한파)	寒帶(한대) 寒害(한해)	寒流(한류) 寒雪(한설)
女 계집 녀	女警(여경) 女兒(여아)	女僧(여승) 女流(여류)	女神(여신) 女體(여체)
昔 옛 석	昔年(석년) 昔者(석자)	昔日(석일)	
四 녁 사	四角(사각) 四色(사색)	四季(사계) 四肢(사지)	四面(사면) 四海(사해)
羅 그물 라	羅紗(나사) 網羅(망라)	羅城(나성) 新羅(신라)	羅漢(나한) 耽羅(탐라)
底 밑 저	底力(저력) 底意(저의)	底邊(저변) 徹底(철저)	
扶 도울 부	扶養(부양) 扶持(부지)	扶餘(부여) 相扶(상부)	
勵 힘쓸 려	激勵(격려) 獎勵(장려)	督勵(독려)	

35 괴한 퇴치법을 좀 익히자.

사오정의 한자학습방법

괴	한	퇴	치	법	을	좀	익	히	자
괴	한	퇴	치	법	을	종	익	희	자
怪	漢	退	治	法	乙	從	翌	稀	玆

풀이

❖ 怪漢(괴한) : 행동 등이 수상한 사나이.

❖ 退治法(퇴치법) : 물리쳐서 없애버리는 방법.

怪	괴이할괴
漢	한수한
退	물러갈퇴
治	다스릴치
法	법법
乙	새을
從	좇을종
翌	다음날익
稀	드물희
玆	이자

怪奇(괴기)　怪談(괴담)　怪盜(괴도)
怪力(괴력)　怪物(괴물)　怪異(괴이)
巨漢(거한)　怪漢(괴한)　色漢(색한)
惡漢(악한)　癡漢(치한)
退却(퇴각)　退去(퇴거)　退勤(퇴근)
退路(퇴로)　退步(퇴보)　退社(퇴사)
治療(치료)　治安(치안)　治粧(치장)
治積(치적)　治下(치하)　法治(법치)
法官(법관)　法規(법규)　法令(법령)
法律(법률)　法案(법안)　法源(법원)
乙駁(을박)　乙巳(을사)　乙種(을종)
乙丑(을축)　甲乙(갑을)
從來(종래)　從事(종사)　從屬(종속)
從前(종전)　從兄(종형)　姑從(고종)
翌年(익년)　翌月(익월)
翌日(익일)
稀貴(희귀)　稀薄(희박)
稀釋(희석)　稀少(희소)
玆白(자백)　玆夷(자이)

36 굉장한 미인이다. 그 여자.

사오정의 한자학습방법

굉	장	한	미	인	이	다	그	여	자
굉	장	한	미	인	이	다	구	여	자
宏	壯	恨	美	人	貳	多	求	女	子

풀이

❖ 宏壯(굉장) : 매우 크고 훌륭함. 많고 대단함.
❖ 美人(미인) : 얼굴이 아름다운 여자. 미녀.
❖ 女子(여자) : 여성인 사람.

宏	클 굉
壯	씩씩할 장
恨	원한 한
美	아름다울 미
人	사람 인
貳	두 이
多	많을 다
求	구할 구
女	계집 녀
子	아들 자

宏壯(굉장)

壯擧(장거)　　壯觀(장관)　　壯年(장년)
壯談(장담)　　壯途(장도)　　壯士(장사)
恨歎(한탄)　　餘恨(여한)　　怨恨(원한)
遺恨(유한)　　痛恨(통한)　　悔恨(회한)
美觀(미관)　　美國(미국)　　美男(미남)
美女(미녀)　　美談(미담)　　美德(미덕)
人員(인원)　　人材(인재)　　人跡(인적)
人情(인정)　　人種(인종)　　人體(인체)
貳心(이심)　　貳拾(이십)　　貳百(이백)
貳千(이천)　　貳萬(이만)　　貳億(이억)
多變(다변)　　多福(다복)　　多分(다분)
多少(다소)　　多樣(다양)　　多作(다작)
求愛(구애)　　求職(구직)
求婚(구혼)　　急求(급구)
女警(여경)　　女僧(여승)
女兒(여아)　　女流(여류)
子孫(자손)　　子正(자정)
利子(이자)　　分子(분자)

37 교제하는 우리의 사이는,

사오정의 한자학습방법

교	제	하	는	우	리	의	사	이	는
교	제	하	능	우	리	의	사	이	능
交	際	賀	能	牛	履	衣	史	以	能

풀이

❖ 交際(교제) : 사람과 사람이 서로 사귐.

交 際	사귈교 즈음제
賀	하례하
能	능할능
牛	소우
履	밟을리
衣	옷의
史	사기사
以	써이
能	능할능

交感(교감)　　交代(교대)　　交流(교류)
交付(교부)　　交涉(교섭)　　交易(교역)
交際(교제)　　國際(국제)　　實際(실제)
此際(차제)
賀客(하객)　　賀禮(하례)　　慶賀(경하)
謹賀(근하)　　祝賀(축하)　　致賀(치하)
能動(능동)　　能力(능력)　　能率(능률)
能熟(능숙)　　能通(능통)　　技能(기능)
牛角(우각)　　牛骨(우골)　　牛舍(우사)
牛乳(우유)　　牛皮(우피)　　黃牛(황우)
履歷(이력)　　履修(이수)
履行(이행)
衣類(의류)　　衣服(의복)　　衣裳(의상)
白衣(백의)　　上衣(상의)　　下衣(하의)
史劇(사극)　　史記(사기)
史上(사상)　　史蹟(사적)
以南(이남)　　以來(이래)
以內(이내)　　以下(이하)
可能(가능)　　機能(기능)
無能(무능)　　本能(본능)

38 구일이 되면 백일째 이다.

사오정의 한자학습방법

구	일	이	되	면	백	일	째	이	다
구	일	이	대	면	백	일	재	이	다
九	日	己	隊	面	百	日	才	耳	茶

풀이

❖ 九日(구일) : 아흐레. 아홉 번째 날.
❖ 百日(백일) : 백 날 동안. 백 번의 날.

九	아홉 구	九個(구개)	九月(구월)	
		九日(구일)		
日	날 일	日沒(일몰)	日報(일보)	日常(일상)
		日收(일수)	日時(일시)	日食(일식)
己	이미 이	己往(이왕)		
		己往之事(이왕지사)		
隊	떼 대	隊列(대열)	隊伍(대오)	隊員(대원)
		隊長(대장)	軍隊(군대)	部隊(부대)
面	낯 면	對面(대면)	圖面(도면)	兩面(양면)
		裏面(이면)	方面(방면)	側面(측면)
百	일백 백	百態(백태)	百合(백합)	百科(백과)
		百年(백년)	百藥(백약)	百戰(백전)
日	날 일	日語(일어)	日前(일전)	日程(일정)
		日誌(일지)	日直(일직)	日出(일출)
才	재주 재	才幹(재간)	才能(재능)	
		才量(재량)	才弄(재롱)	
耳	귀 이	耳目(이목)	耳順(이순)	
		馬耳(마이)	逆耳(역이)	
茶	차 다	茶菓(다과)	茶道(다도)	
		茶房(다방)	茶室(다실)	

39 ## 국제적으로 놀아보자고.

사오정의 한자학습방법

국	제	적	으	로	놀	아	보	자	고
국	제	적	의	로	노	라	보	자	고
國	際	的	醫	爐	奴	螺	補	雌	枯

풀이

❖ 國際的(국제적) : 여라나라 사이에 관계가 있는 것. 세계 적인 규모인 것.

國 나라국	國家(국가)	國境(국경)	國庫(국고)
	國力(국력)	國史(국사)	國語(국어)
際 즈음제	交際(교제)	國際(국제)	實際(실제)
	此際(차제)		
的 과녁적	的中(적중)	公的(공적)	狂的(광적)
	劇的(극적)	內的(내적)	端的(단적)
醫 의원의	醫療(의료)	醫師(의사)	醫術(의술)
	醫院(의원)	醫藥(의약)	醫學(의학)
爐 화로로	煖爐(난로)	香爐(향로)	
	火爐(화로)		
奴 종노	奴婢(노비)	奴僕(노복)	
	奴隷(노예)		
螺 소라라	螺絲(나사)		
	螺線(나선)		
補 도울보	補藥(보약)	補完(보완)	
	補職(보직)	補充(보충)	
雌 암컷자	雌雄(자웅)		
	雌性(자성)		
枯 마를고	枯渴(고갈)	枯木(고목)	
	榮枯(영고)		

40 군것질을 하면 살이 찐다.

사오정의 한자학습방법

군	것	질	을	하	면	살	이	찐	다
군	거	질	을	하	면	살	이	진	다
君	據	秩	乙	何	眠	殺	而	盡	多

고사성어

❖ 口尚乳臭(구상유취): 입에서 아직 젖내가 난다는 뜻으로, 언어와 행동이 매우 어리고 유치함을 일컬음.

君 임금 군	君臨(군림)	君臣(군신)	君主(군주)	
	夫君(부군)	君子(군자)	諸君(제군)	
據 의거할 거	據點(거점)	根據(근거)	雄據(웅거)	
	依據(의거)	占據(점거)	割據(할거)	
秩 차례 질	秩序(질서)			
	無秩序(무질서)			
乙 새 을	乙駁(을박)	乙巳(을사)	乙種(을종)	
	乙丑(을축)	甲乙(갑을)		
何 어찌 하	何等(하등)	何必(하필)	誰何(수하)	
	如何(여하)	幾何(기하)	抑何(억하)	
眠 잘 면	冬眠(동면)	睡眠(수면)	熟眠(숙면)	
	不眠(불면)	催眠(최면)	休眠(휴면)	
殺 죽일 살	殺菌(살균)	殺傷(살상)	殺意(살의)	
	殺人(살인)	殺害(살해)		
而 말이을 이	學而(학이)	形而(형이)		
	似而非(사이비)			
盡 다할 진	盡力(진력)	極盡(극진)		
	未盡(미진)	消盡(소진)		
多 많을 다	多角(다각)	多感(다감)		
	多量(다량)	多忙(다망)		

41 **굴복은 나의 사전에 없다.**

사오정의 한자학습방법

굴	복	은	나	의	사	전	에	없	다
굴	복	은	내	의	사	전	애	업	다
屈	服	慇	奈	宜	辭	典	哀	業	茶

풀이

❖ 屈服(굴복) : 머리를 숙이고 꿇어 엎드림.
❖ 辭典(사전) : 낱말을 모아 일정한 순서로 배열하여 발음·뜻·용법·
어원 등을 해설한 책.

屈	굽을굴	屈曲(굴곡)	屈伏(굴복)	屈辱(굴욕)
		屈折(굴절)	不屈(불굴)	
服	옷복	服務(복무)	服役(복역)	服用(복용)
		服裝(복장)	服從(복종)	私服(사복)
慇	은근할은	慇懃(은근)		
奈	어찌내	奈何(내하)		
		可奈(가내)		
宜	마땅의	宜當(의당)		
		便宜(편의)		
辭	말씀사	辭免(사면)	辭說(사설)	辭讓(사양)
		辭意(사의)	辭任(사임)	辭典(사전)
典	법전	典型(전형)	古典(고전)	法典(법전)
		式典(식전)	恩典(은전)	儀典(의전)
哀	슬플애	哀歌(애가)	哀悼(애도)	
		哀惜(애석)	哀愁(애수)	
業	업업	業體(업체)	業態(업태)	
		開業(개업)	課業(과업)	
茶	차다	茶菓(다과)	茶道(다도)	
		茶房(다방)	茶室(다실)	

42 **궁금해서 죽을거다. 내롱!**

사오정의 한자학습방법

궁	금	해	서	죽	을	거	다	내	롱
궁	금	해	서	죽	을	거	다	내	롱
弓	金	偕	暑	竹	乙	拒	多	耐	弄

고사성어

❖ 群鷄一鶴(군계일학) : 많은 닭 중에 한마리 학이라는 뜻으로 곧 많은 사람 중 가장 뛰어난 인물을 말함.

弓 활 궁	弓道(궁도) 弓術(궁술) 名弓(명궁) 石弓(석궁) 洋弓(양궁)	
金 쇠 금	金庫(금고) 金冠(금관) 金賞(금상) 金額(금액) 金品(금품) 公金(공금)	
偕 함께 해	偕老(해로) 百年偕老(백년해로)	
暑 더울 서	暑氣(서기) 大暑(대서) 處暑(처서) 暴暑(폭서) 酷暑(혹서) 避暑(피서)	
竹 대 죽	竹刀(죽도) 竹林(죽림) 竹筍(죽순) 竹槍(죽창) 松竹(송죽) 長竹(장죽)	
乙 새 을	乙駁(을박) 乙巳(을사) 乙種(을종) 乙丑(을축) 甲乙(갑을)	
拒 막을 거	拒納(거납) 拒守(거수) 拒逆(거역) 拒絕(거절) 抗拒(항거) 拒否(거부)	
多 많을 다	多變(다변) 多福(다복) 多少(다소) 多樣(다양)	
耐 견딜 내	耐久(내구) 耐性(내성) 耐乏(내핍) 耐火(내화)	
弄 희롱할 롱	弄奸(농간) 弄談(농담) 愚弄(우롱) 才弄(재롱)	

43

권투를 빈다. 너의 도전을.

사오정의 한자학습방법

권	투	를	빈	다	너	의	도	전	을
권	투	률	빈	다	니	의	도	전	을
拳	鬪	律	賓	茶	泥	儀	挑	戰	乙

풀이

❖ 拳鬪(권투) : 두 경기자가 양손에 글러브를 끼고 링에서 주먹으로 서로 승부를 겨루는 경기.

❖ 挑戰(도전) : ①싸움을 걺. ②승부의 세계에서 보다 나은 수준에 승부를 걺.

拳法(권법)	拳銃(권총)	拳鬪(권투)
跆拳道(태권도)		
鬪技(투기)	鬪士(투사)	鬪爭(투쟁)
鬪志(투지)	鬪魂(투혼)	敢鬪(감투)
律動(율동)	戒律(계율)	軍律(군율)
規律(규율)	紀律(기율)	旋律(선율)
國賓(국빈)	貴賓(귀빈)	來賓(내빈)
迎賓(영빈)	外賓(외빈)	
茶菓(다과)	茶道(다도)	茶禮(다례)
茶房(다방)	茶室(다실)	
泥丘(이구)	泥田(이전)	泥中(이중)
泥土(이토)		
儀禮(의례)	儀式(의식)	儀仗(의장)
儀典(의전)	賻儀(부의)	葬儀(장의)
挑發(도발)	挑戰(도전)	
挑出(도출)		
戰術(전술)	戰友(전우)	
戰爭(전쟁)	戰況(전황)	
乙駁(을박)	乙巳(을사)	
乙丑(을축)	甲乙(갑을)	

拳 주먹 권
鬪 싸울 투
律 법률 률
賓 손 빈
茶 차 다
泥 진흙 니
儀 거동 의
挑 돋을 도
戰 싸움 전
乙 새 을

44 궐기하자 서민을 위하여.

사오정의 한자학습방법

궐	기	하	자	서	민	을	위	하	여
궐	기	하	자	서	민	을	위	하	여
蹶	起	河	紫	庶	民	乙	爲	荷	餘

풀이

❖ 蹶起(궐기) : 어떤 목적을 위하여 굳게 마음먹고 떨쳐 일어남.

❖ 庶民(서민) : ① 일반 국민 ② 귀족이나 상류층이 아닌 보통 사람. 평민.

蹶 넘어질궐	總蹶起(총궐기)
起 일어날기	起居(기거)　　起動(기동)　　起立(기립) 起伏(기복)　　起源(기원)　　起因(기인)
河 물하	氷河(빙하)　　山河(산하)　　運河(운하) 銀河(은하)　　河口(하구)　　河川(하천)
紫 자주빛자	紫色(자색)　　紫雲(자운) 紫外線(자외선)
庶 여럿서	庶母(서모)　　庶務(서무)　　庶民(서민) 庶子(서자)
民 백성민	民家(민가)　　民泊(민박)　　民法(민법) 民生(민생)　　民俗(민속)　　民心(민심)
乙 새을	乙駁(을박)　　乙巳(을사)　　乙種(을종) 乙丑(을축)　　甲乙(갑을)
爲 할위	當爲(당위)　　無爲(무위) 營爲(영위)　　人爲(인위)
荷 멜하	荷物(하물)　　荷役(하역) 入荷(입하)　　出荷(출하)
餘 남을여	餘勢(여세)　　餘韻(여운) 餘他(여타)　　餘波(여파)

45 귀하신 이 형님 나가신다.

사오정의 한자학습방법

귀	하	신	이	형	님	나	가	신	다
귀	하	신	이	형	임	나	가	신	다
貴	夏	伸	異	兄	任	那	駕	愼	多

고사성어

❖ 近墨者黑(근묵자흑) : 먹을 가까이하면 검어진다는 고사로, 악한 이
에게 가까이 하면 악에 물들기 쉽다는 말.

貴	귀할귀	貴國(귀국) 貴宅(귀댁) 貴賓(귀빈)
		貴社(귀사) 貴重(귀중) 貴下(귀하)
夏	여름하	夏季(하계) 夏期(하기) 夏服(하복)
		夏節(하절) 夏至(하지) 盛夏(성하)
伸	펼신	伸張(신장)
		伸縮(신축)
異	다를이	異色(이색) 異性(이성) 異意(이의)
		異質(이질) 怪異(괴이) 奇異(기이)
兄	맏형	兄夫(형부) 兄嫂(형수) 兄弟(형제)
		姉兄(자형) 從兄(종형) 妻兄(처형)
任	맡길임	任地(임지) 任置(임치) 擔任(담임)
		大任(대임) 歷任(역임) 留任(유임)
那	어찌나	那邊(나변) 支那(지나)
		刹那(찰나)
駕	수레가	凌駕(능가)
愼	삼갈신	愼重(신중) 勤愼(근신)
		獨愼(독신)
多	많을다	多彩(다채) 多幸(다행)
		雜多(잡다) 最多(최다)

46 규명 못할 비밀 이야기다.

사오정의 한자학습방법

규	명	못	할	비	밀	이	야	기	다
규	명	모	할	비	밀	이	야	기	다
糾	明	毛	轄	秘	密	移	冶	記	茶

풀이
❖ 糾明(규명) : 자세히 캐고 따져 사실을 밝힘.
❖ 秘密(비밀) : ① 남에게 보이거나 알려서는 안 되는 일의 내용. ② 숨겨져 있어서 외부에서는 알 수 없는 상태.

糾 살필 규	糾彈(규탄)	糾合(규합)	
	紛糾(분규)		
明 밝을 명	明記(명기)	明年(명년)	明朗(명랑)
	明瞭(명료)	明白(명백)	明細(명세)
毛 털 모	毛根(모근)	毛髮(모발)	毛織(모직)
	毛布(모포)	毛皮(모피)	純毛(순모)
轄 다스릴 할	管轄(관할)	直轄(직할)	
	統轄(통할)		
秘 숨길 비	秘訣(비결)	秘景(비경)	秘錄(비록)
	秘方(비방)	秘法(비법)	秘策(비책)
密 빽빽할 밀	密語(밀어)		
	蜜月(밀월)		
移 옮길 이	移越(이월)	移任(이임)	移葬(이장)
	移籍(이적)	移轉(이전)	移住(이주)
冶 쇠불릴 야	冶金(야금)		
	陶冶(도야)		
記 기록할 기	記錄(기록)	記事(기사)	
	記帳(기장)	記號(기호)	
茶 차 다	茶菓(다과)	茶道(다도)	
	茶房(다방)	茶室(다실)	

47 균등하게 분배하자 우리.

사오정의 한자학습방법

균	등	하	게	분	배	하	자	우	리
균	등	하	게	분	해	하	자	우	리
均	等	下	憩	分	配	賀	資	友	吏

풀이

❖ 均等(균등) : 수량이나 상태 등이 차별 없이 고름.

❖ 分配(분배) : 몫몫이 나눔. 배분.

均 고를균	均一(균일)　均衡(균형)	
	平均(평균)	
等 무리등	等級(등급)　等分(등분)　等數(등수)	
	等位(등위)　等閑(등한)　均等(균등)	
下 아래하	下午(하오)　下旬(하순)　下述(하술)	
	下位(하위)　下衣(하의)　下車(하차)	
憩 쉴게	休憩室(휴게실)	
	休憩(휴게)	
分 나눌분	分家(분가)　分期(분기)　分納(분납)	
	分擔(분담)　分量(분량)　分類(분류)	
配 짝배	配管(배관)　配給(배급)　配達(배달)	
	配當(배당)　配慮(배려)　配列(배열)	
賀 하례하	賀客(하객)　賀禮(하례)　慶賀(경하)	
	謹賀(근하)　祝賀(축하)　致賀(치하)	
資 재물자	資格(자격)　資料(자료)	
	資産(자산)　資源(자원)	
友 벗우	友邦(우방)　友愛(우애)	
	友情(우정)　友好(우호)	
吏 관리리	官吏(관리)　汚吏(오리)	
	清白吏(청백리)	

48 극적 이었다. 우리 만남은.

사오정의 한자학습방법

극	적	이	었	다	우	리	만	남	은
극	적	이	억	다	우	리	만	남	은
劇	的	夷	億	多	雨	璃	萬	南	恩

풀이

❖ **劇的 (극적)**: ① 연극과 같은 요소가 있는 것. ② 연극을 보는
것처럼 감격적이고 인상적인 것.

劇	심할 극
的	과녁 적
夷	오랑캐 이
億	억 억
多	많을 다
雨	비 우
璃	유리 리
萬	일만 만
南	남녘 남
恩	은혜 은

劇團(극단)　　劇本(극본)　　劇藥(극약)
劇場(극장)　　劇的(극적)　　悲劇(비극)
目的(목적)　　法的(법적)　　物的(물적)
病的(병적)　　史的(사적)　　私的(사적)
東夷(동이)
東夷族(동이족)
億劫(억겁)　　億臺(억대)　　億萬(억만)
億兆(억조)　　數億(수억)
多角(다각)　　多感(다감)　　多讀(다독)
多量(다량)　　多忙(다망)　　多發(다발)
雨量(우량)　　雨傘(우산)　　雨備(우비)
雨中(우중)　　降雨(강우)　　測雨(측우)
琉璃(유리)
琉璃窓(유리창)
萬民(만민)　　萬邦(만방)
萬世(만세)　　萬人(만인)
南國(남국)　　南端(남단)
南方(남방)　　南部(남부)
恩功(은공)　　恩德(은덕)
恩人(은인)　　恩田(은전)

49 근사한 내 남자친구이다.

사오정의 한자학습방법

근	사	한	내	남	자	친	구	이	다
근	사	한	내	남	자	친	구	이	다
近	似	限	乃	男	子	親	舊	伊	多

풀이

❖ 近似(근사) : ①어떤 수치나 상태 따위가 기준에 가깝거나 아주 비슷함. ②썩 좋음.
❖ 男子(남자) : 남성인 사람. 남성다운 사내.
❖ 親舊(친구) : 친하게 사귀는 벗. 친우.

近 가까울근	近刊(근간) 近郊(근교) 近來(근래)
	近方(근방) 近日(근일) 近接(근접)
似 같을사	近似(근사) 類似(유사) 相似(상사)
	恰似(흡사) 似而非(사이비)
限 한정한	限界(한계) 限度(한도) 限定(한정)
	局限(국한) 期限(기한) 無限(무한)
乃 이에내	乃至(내지) 乃終(내종)
	人乃天(인내천)
男 사내남	男妹(남매) 男性(남성) 男便(남편)
	美男(미남) 長男(장남) 次男(차남)
子 아들자	子孫(자손) 子正(자정) 子弟(자제)
	利子(이자) 分子(분자) 長子(장자)
親 친할친	親家(친가) 親交(친교) 親舊(친구)
	親近(친근) 親睦(친목) 親密(친밀)
舊 옛구	舊面(구면) 舊式(구식)
	舊正(구정) 復舊(복구)
伊 저이	伊太利(이태리)
	黃眞伊(황진이)
多 많을다	多變(다변) 多福(다복)
	多少(다소) 多樣(다양)

50 금방 다녀올께 여기 있어.

사오정의 한자학습방법

금	방	다	녀	올	께	여	기	있	어
금	방	다	녀	옥	게	여	기	익	서
今	方	茶	女	玉	揭	與	技	溺	恕

풀이

❖ 今方(금방) : 바로 이제. 지금 막. 방금.

今	이제 금
方	방향 방
茶	차 다
女	계집 녀
玉	옥 옥
揭	높이들게
與	줄 여
技	재주 기
溺	빠질 익
恕	용서할 서

今年(금년)　今般(금반)　今日(금일)
今週(금주)　古今(고금)　方今(방금)
方今(방금)　方途(방도)　方面(방면)
方法(방법)　方式(방식)　方案(방안)
茶菓(다과)　茶道(다도)　茶禮(다례)
茶房(다방)　茶室(다실)
女警(여경)　女僧(여승)　女神(여신)
女兒(여아)　女人(여인)　女體(여체)
玉色(옥색)　玉石(옥석)　玉葉(옥엽)
玉條(옥조)　白玉(백옥)　珠玉(주옥)
揭示(게시)　揭揚(게양)
揭載(게재)
與件(여건)　與圈(여권)　與否(여부)
與信(여신)　與野(여야)　參與(참여)
技能(기능)　技倆(기량)
技法(기법)　技士(기사)
溺死(익사)
溺死者(익사자)
寬恕(관서)　容恕(용서)

51 급한 일이야. 조금만 참아.

사오정의 한자학습방법

급	한	일	이	야	조	금	만	참	아
급	한	일	이	야	조	금	만	참	아
急	韓	逸	爾	也	早	禁	漫	慘	娥

고사성어

❖ 南柯一夢(남가일몽) : ① 깨고 나서 섭섭한 허황된 꿈. ② 덧없이 지나간 한 때의 헛된 부귀나 행복.

急	급할급	急激(급격)	急求(급구)	急冷(급랭)
		急流(급류)	急變(급변)	急報(급보)
韓	나라한	韓國(한국)	韓美(한미)	韓服(한복)
		大韓(대한)	來韓(내한)	
逸	숨을일	逸品(일품)	逸話(일화)	獨逸(독일)
		安逸(안일)		
爾	너이	爾時(이시)	爾汝(이여)	
		爾餘(이여)		
也	어조사야	獨也(독야)		
		是也(시야)		
早	이를조	早期(조기)	早老(조로)	早漏(조루)
		早速(조속)	早熟(조숙)	早退(조퇴)
禁	금할금	禁忌(금기)	禁物(금물)	禁食(금식)
		禁煙(금연)	禁酒(금주)	禁止(금지)
漫	부질없을만	漫談(만담)	漫然(만연)	
		浪漫(낭만)	放漫(방만)	
慘	슬플참	慘敗(참패)	慘酷(참혹)	
		悲慘(비참)	悽慘(처참)	
娥	예쁠아	娥英(아영)	姮娥(항아)	

52 긍정적으로 생각해라. 응?

사오정의 한자학습방법

긍	정	적	으	로	생	각	해	라	응
긍	정	적	의	로	생	각	해	라	응
肯	定	的	議	魯	生	却	楷	羅	凝

풀이

❖ 肯定的(긍정적) : 어떤 사실이나 생각 따위를 그러하다
고 인정하는 것.

肯 즐길 공	肯定(긍정)	
	首肯(수긍)	
定 정할 정	定時(정시) 定員(정원) 定着(정착)	
	定評(정평) 決定(결정) 約定(약정)	
的 과녁 적	的中(적중) 公的(공적) 狂的(광적)	
	端的(단적) 目的(목적) 法的(법적)	
議 옳을 의	交誼(교의) 友誼(우의) 情誼(정의)	
	好誼(호의) 厚誼(후의)	
魯 둔할 로	魚魯不辨(어로불변)	
生 날 생	生業(생업) 生前(생전) 生態(생태)	
	生捕(생포) 生後(생후) 發生(발생)	
却 물리칠 각	却說(각설) 冷却(냉각) 忘却(망각)	
	賣却(매각) 燒却(소각) 退却(퇴각)	
楷 해서 해	楷書(해서) 楷字(해자)	
羅 그물 라	羅紗(나사) 羅星(나성)	
	網羅(망라) 新羅(신라)	
凝 엉길 응	凝結(응결) 凝固(응고)	
	凝縮(응축) 凝集(응집)	

53 기분 좋아서 죽겠다. 지금.

사오정의 한자학습방법

기	분	좋	아	서	죽	젰	다	지	금
기	분	조	아	서	죽	개	다	지	금
氣	分	造	衙	敍	竹	開	多	只	今

풀이

❖ 氣分(기분) : 마음에 생기는 유쾌·불쾌·우울 따위의 주관적이고 단순한 감정 상태.

❖ 只今(지금) : 바로 이 시간. 현재. 시방.

氣	기운기	氣力(기력)	氣色(기색)	氣溫(기온)
		氣質(기질)	氣體(기체)	氣候(기후)
分	나눌분	分離(분리)	分娩(분만)	分明(분명)
		分配(분배)	分散(분산)	分析(분석)
造	지을조	改造(개조)	建造(건조)	構造(구조)
		模造(모조)	僞造(위조)	製造(제조)
衙	마을아	官衙(관아)		
敍	베풀서	敍事(서사)	敍述(서술)	敍情(서정)
		自敍(자서)	追敍(추서)	
竹	대죽	竹刀(죽도)	竹林(죽림)	竹筍(죽순)
		竹槍(죽창)	松竹(송죽)	長竹(장죽)
開	열개	開墾(개간)	開講(개강)	開校(개교)
		開發(개발)	開設(개설)	開業(개업)
多	많을다	多彩(다채)	多幸(다행)	
		雜多(잡다)	最多(최다)	
只	다만지	但只(단지)		
今	이제금	今年(금년)	今日(금일)	
		古今(고금)	昨今(작금)	

54 긴장하지마. 해낼 수 있어.

사오정의 한자학습방법

긴	장	하	지	마	해	낼	수	있	어
긴	장	하	지	마	내	냉	수	익	서
緊	張	何	指	馬	諧	冷	手	溺	署

풀이 ❖ 緊張(긴장) : 마음을 다잡아 정신을 바짝 차리거나 몸이 굳어질 정도로 켕기는 일. 또는 그런 심리 상태.

緊	긴요할 오
張	베풀 장
何	어찌 하
指	손가락 지
馬	말 마
諧	화할 해
冷	찰 냉
手	손 수
溺	빠질 익
署	관청 서

緊密(긴밀)　緊要(긴요)　緊迫(긴박)
緊急(긴급)　緊縮(긴축)
誇張(과장)　緊張(긴장)　伸張(신장)
主張(주장)　出張(출장)　擴張(확장)
何等(하등)　何必(하필)　誰何(수하)
如何(여하)　幾何(기하)　抑何(억하)
指令(지령)　指目(지목)　指紋(지문)
指示(지시)　指壓(지압)　指章(지장)
名馬(명마)　木馬(목마)　白馬(백마)
乘馬(승마)　出馬(출마)　行馬(행마)
諧謔(해학)

冷却(냉각)　冷氣(냉기)　冷淡(냉담)
冷待(냉대)　冷凍(냉동)　冷笑(냉소)
手巾(수건)　手記(수기)
手當(수당)　手動(수동)
溺死(익사)
溺死者(익사자)
署理(서리)　署名(서명)
官署(관서)　本署(본서)

55 **길하면 흉한 날도 있다지?**

사오정의 한자학습방법

길	하	면	흉	한	날	도	있	다	지
길	하	면	흉	한	날	도	익	다	지
吉	河	綿	凶	韓	捺	到	益	多	至

풀이

❖ 吉凶(길흉) : 길함과 흉함.

吉 길할길	吉年(길년)　吉夢(길몽)　吉運(길운)
	吉日(길일)　吉兆(길조)　不吉(불길)
河 내하	河口(하구)　河馬(하마)　河川(하천)
	江河(강하)　山河(산하)　大河(대하)
綿 솜면	綿密(면밀)　綿絲(면사)　綿羊(면양)
	純綿(순면)　原綿(원면)　綿織(면직)
凶 흉할흉	凶家(흉가)　凶計(흉계)　凶器(흉기)
	凶年(흉년)　吉凶(길흉)　陰凶(음흉)
韓 한수한	漢文(한문)　漢方(한방)　漢詩(한시)
	漢陽(한양)　漢字(한자)　漢族(한족)
捺 찍을날	捺印(날인)
	署名捺印(서명날인)
到 이를도	到達(도달)　到來(도래)　到着(도착)
	到處(도처)　當到(당도)　周到(주도)
益 더할익	收益(수익)　純益(순익)
	日益(일익)　差益(차익)
多 많을다	多角(다각)　多感(다감)
	多量(다량)　多忙(다망)
至 이를지	至極(지극)　至急(지급)
	至大(지대)　至毒(지독)

56 나는 너만을 사랑 했었다.

사오정의 한자학습방법

나	는	너	만	을	사	랑	했	었	다
나	능	니	만	을	사	랑	해	석	다
那	能	泥	萬	乙	使	廊	害	惜	茶

고사성어

❖ 綠陰芳草(녹음방초) : 푸르른 나무들의 그늘과 꽃다운 풀. 곧 여름의 자연 경관.

那 어찌나
能 능할 능
泥 진흙 니
萬 일만 만
乙 새 을
使 부릴 사
廊 행랑 랑
害 해칠 해
惜 아낄 석
茶 차 다

那邊(나변)　支那(지나)
刹那(찰나)
能動(능동)　能力(능력)　能率(능률)
能熟(능숙)　能通(능통)　技能(기능)
泥田(이전)　泥丘(이구)　泥中(이중)
泥土(이토)
萬感(만감)　萬年(만년)　萬能(만능)
萬代(만대)　萬無(만무)　萬物(만물)
乙駁(을박)　乙巳(을사)　乙種(을종)
乙丑(을축)　甲乙(갑을)
公使(공사)　特使(특사)　牧使(목사)
天使(천사)　行使(행사)　酷使(혹사)
廊下(낭하)　廊舍(낭사)　行廊(행랑)
畫廊(화랑)　回廊(회랑)
病害(병해)　殺害(살해)
損害(손해)　水害(수해)
惜別(석별)　惜敗(석패)
哀惜(애석)
茶菓(다과)　茶道(다도)
茶房(다방)　茶室(다실)

57 낙담할 때가 아니야. 지금.

사오정의 한자학습방법

낙	담	할	때	가	아	니	야	지	금
낙	담	할	대	가	아	니	야	지	금
落	談	割	垈	伽	兒	泥	夜	只	今

풀이

❖ 落談(낙담) : 일이 뜻대로 되지 않거나 실패로 돌아가 갑자기 기운이 풀림.

❖ 只今(지금) : 바로 이 시간. 현재. 시방.

落 떨어질 락	落膽(낙담) 落島(낙도) 落馬(낙마)
	落望(낙망) 落法(낙법) 落傷(낙상)
談 말씀 담	談笑(담소) 談判(담판) 談合(담합)
	談話(담화) 客談(객담) 怪談(괴담)
割 나눌 할	割當(할당) 割愛(할애) 割引(할인)
	分割(분할) 役割(역할) 割賦(할부)
垈 터 대	垈田(대전)
	垈地(대지)
伽 절 가	伽倻(가야)
兒 아이 아	兒童(아동) 兒役(아역) 孤兒(고아)
	迷兒(미아) 産兒(산아) 小兒(소아)
泥 진흙 니	泥丘(이구) 泥田(이전) 泥中(이중)
	泥土(이토)
夜 밤 야	夜景(야경) 夜光(야광)
	夜食(야식) 夜深(야심)
只 다만 지	但只(단지)
今 이제 금	今年(금년) 今日(금일)
	古今(고금) 方今(방금)

58 난 그래도 영만을 사랑해.

사오정의 한자학습방법

난	그	래	도	영	만	을	사	랑	해
난	구	래	도	영	만	을	사	랑	해
暖	救	來	島	泳	晚	乙	舍	廊	海

고사성어

❖ 單刀直入(단도직입) : 너절한 서두를 생략하고 요점이
나 본문제를 간단명로하게 말함.

暖帶(난대)	暖流(난류)	暖房(난방)
溫暖(온난)	寒暖(한난)	
救國(구국)	救命(구명)	救援(구원)
救濟(구제)	救助(구조)	救出(구출)
去來(거래)	近來(근래)	到來(도래)
本來(본래)	往來(왕래)	由來(유래)
島民(도민)	島嶼(도서)	孤島(고도)
群島(군도)	落島(낙도)	半島(반도)
泳法(영법)	競泳(경영)	背泳(배영)
水泳(수영)	蝶泳(접영)	混泳(혼영)
晚年(만년)	晚鐘(만종)	晚秋(만추)
晚學(만학)	晚成(만성)	晚婚(만혼)
乙駁(을박)	乙巳(을사)	乙種(을종)
乙丑(을축)	甲乙(갑을)	
舍監(사감)	舍宅(사택)	
鷄舍(계사)	官舍(관사)	
廊下(낭하)	舍廊(사랑)	
畵廊(화랑)	回廊(회랑)	
海女(해녀)	海東(해동)	
海路(해로)	海流(해류)	

따뜻한난 暖
구원할구 救
올 래 來
섬 도 島
헤엄칠영 泳
늦을만 晚
새 을 乙
집 사 舍
행랑랑 廊
바다해 海

59

날 위해 기도하는 그 사람.

사오정의 한자학습방법

날	위	해	기	도	하	는	그	사	람
날	위	해	기	도	하	능	구	사	람
捺	位	亥	祈	禱	荷	能	久	射	濫

풀이

❖ 祈禱(기도) : 바라는 바가 이루어지기를 신불 등에게 빎.
또는 그런 의식.

捺 누를날	捺印(날인) 署名捺印(서명날인)
位 벼슬위	位階(위계) 位相(위상) 位置(위치) 單位(단위) 等位(등위) 本位(본위)
亥 돼지해	亥年(해년) 乙亥(을해) 丁亥(정해) 亥時(해시) 亥日(해일)
祈 빌기	祈求(기구) 祈願(기원) 祈雨祭(기우제)
禱 빌도	祈禱(기도) 默禱(묵도) 祝禱(축도)
荷 멜하	荷物(하물) 荷役(하역) 荷重(하중) 入荷(입하) 出荷(출하)
能 능할능	可能(가능) 機能(기능) 萬能(만능) 無能(무능) 本能(본능) 不能(불능)
久 오랠구	耐久(내구) 未久(미구) 長久(장구) 永久(영구)
射 쏠사	射殺(사살) 射手(사수) 射精(사정) 射出(사출)
濫 넘칠람	氾濫(범람) 猥濫(외람)

60 남자가 왜 그래 울지마라.

사오정의 한자학습방법

남	자	가	왜	그	래	울	지	마	라
남	자	가	외	구	래	우	지	마	라
男	子	家	外	句	來	憂	紙	麻	羅

풀이

❖ 男子(남자) : 남성인 사람. 남성다운 사내. 사나이.

男	사내 남
子	아들 자
家	집 가
外	밖 외
句	글귀 구
來	올 래
憂	근심 우
紙	종이 지
麻	삼 마
羅	그물 라

男根(남근) 男妹(남매) 男性(남성)
男便(남편) 美男(미남) 長男(장남)
子孫(자손) 子正(자정) 子弟(자제)
利子(이자) 分子(분자) 王子(왕자)
家業(가업) 家屋(가옥) 家長(가장)
家庭(가정) 家族(가족) 家出(가출)
外道(외도) 外面(외면) 外貌(외모)
外泊(외박) 外部(외부) 外傷(외상)
句節(구절) 文句(문구) 詩句(시구)
語句(어구) 字句(자구) 絶句(절구)
將來(장래) 在來(재래) 傳來(전래)
從來(종래) 招來(초래) 外來(외래)
憂慮(우려) 憂愁(우수) 憂患(우환)
杞憂(기우) 內憂(내우)
紙價(지가) 紙質(지질)
紙型(지형) 更紙(갱지)
麻衣(마의) 馬脚(마각)
大麻(대마)
羅紗(나사) 羅城(나성)
網羅(망라) 新羅(신라)

61 나쁜 자식 나를 배신해야?

사오정의 한자학습방법

나	쁜	자	식	나	를	배	신	해	야
나	분	자	식	나	률	배	신	해	야
那	紛	子	息	那	栗	背	信	解	野

 **풀이**

❖ 子息(자식) : ① 아들과 딸. ② 남자를 욕하여 이르는 말.

❖ 背信(배신) : 신의를 저버림.

那 어찌나	那邊(나변)	支那(니자)	
	刹那(찰나)		
紛 어지러울분	紛糾(분규)	紛亂(분란)	紛失(분실)
	紛爭(분쟁)	内紛(내분)	
子 아들자	長子(장자)	精子(정자)	因子(인자)
	親子(친자)	卓子(탁자)	孝子(효자)
息 쉴식	棲息(서식)	女息(여식)	利息(이식)
	子息(자식)	嘆息(탄식)	休息(휴식)
那 어찌나	那邊(나변)	支那(지나)	
	刹那(찰나)		
栗 밤률	栗谷(율곡)	栗木(율목)	
	生栗(생률)		
背 등배	背信(배신)	背恩(배은)	背任(배임)
	背後(배후)	違背(위배)	向背(향배)
信 믿을신	信仰(신앙)	信用(신용)	
	信任(신임)	信者(신자)	
解 풀해	解決(해결)	解禁(해금)	
	解毒(해독)	解得(해득)	
野 들야	野俗(야속)	野營(야영)	
	野慾(야욕)	野菜(야채)	

62 낭랑 십팔세, 그 노래 알지?

사오정의 한자학습방법

낭	랑	십	팔	세	그	노	래	알	지
낭	랑	십	팔	세	구	노	래	알	지
朗	朗	十	八	歲	具	怒	來	謁	持

풀이

❖ 朗朗(낭랑) : 소리나 빛이 매우 맑고 또랑또랑함.

❖ 十八歲(십팔세) : 열 여덟 살.

朗 밝을 랑	朗讀(낭독)	
	朗報(낭보)	
朗 밝을 랑	朗誦(낭송)	
	明朗(명랑)	
十 열 십	十戒(십계)	十代(십대)	十里(십리)
	十分(십분)	十字(십자)	十年(십년)
八 여덟 팔	八卦(팔패)	八旬(팔순)	八字(팔자)
	八道(팔도)	八方(팔방)	八面(팔면)
歲 해 세	歲拜(세배)	歲費(세비)	歲月(세월)
	歲入(세입)	歲出(세출)	維歲(유세)
具 갖출 구	具備(구비)	具色(구색)	具現(구현)
	工具(공구)	道具(도구)	玩具(완구)
怒 성낼 노	激怒(격노)	憤怒(분노)	震怒(진노)
	大怒(대노)	怒髮(노발)	
來 올 래	來年(내년)	來日(내일)	
	未來(미래)	原來(원래)	
謁 뵐 알	謁見(알현)		
	拜謁(배알)		
持 가질 지	持論(지론)	持病(지병)	
	持參(지참)	持久(지구)	

63 내 사랑 미야. 돌아와주오.

사오정의 한자학습방법

내	사	랑	미	야	돌	아	와	주	오
내	사	랑	미	야	도	라	와	주	오
内	師	娘	美	耶	徒	螺	瓦	住	吾

고사성어

❖ 同病相憐(동병상련) : 같은 병을 앓는 사람끼리 서로 가엾게 여긴다는 뜻으로 서로 도우며 위로하는 것.

内 안내	内在(내재)　　内的(내적)　　内定(내정) 内助(내조)　　内通(내통)　　内包(내포)
師 스승사	師團(사단)　　師母(사모)　　師範(사범) 師父(사부)　　師恩(사은)　　師弟(사제)
娘 각시낭	娘子(낭자)
美 아름다울미	美觀(미관)　　美國(미국)　　美男(미남) 美女(미녀)　　美談(미담)　　美德(미덕)
耶 어조사야	有耶(유야) 無耶(무야)
徒 무리도	徒黨(도당)　　徒輩(도배)　　徒步(도보) 生徒(생도)　　信徒(신도)　　暴徒(폭도)
螺 소라라	螺絲(나사)　　螺線(나선)
瓦 기와와	瓦器(와기)　　瓦當(와당) 瓦解(와해)
住 머무를주	住居(주거)　　住民(주민) 安住(안주)　　移住(이주)
吾 나오	吾等(오등)　　吾人(오인)

64 녀석 꼴값하네. 야! 저리가.

사오정의 한자학습방법

녀	석	꼴	값	하	네	야	저	리	가
녀	석	골	갑	하	내	야	저	리	가
女	石	骨	鉀	荷	乃	冶	邸	里	佳

고사성어

❖ 燈下不明(등하불명) : 등잔 밑이 어둡다는 뜻으로, 가까이 있는 것을 도리어 알아내기 어렵다는 말.

女警(여경)	女流(여류)	女神(여신)
女人(여인)	女兒(여아)	女體(여체)
石窟(석굴)	石弓(석궁)	石器(석기)
石像(석상)	石油(석유)	石材(석재)
骨格(골격)	骨盤(골반)	骨材(골재)
骨折(골절)	頭骨(두골)	牛骨(우골)
鉀衣(갑의)		
荷物(하물)	荷役(하역)	荷重(하중)
入荷(입하)	出荷(출하)	
乃至(내지)	乃終(내종)	
人乃天(인내천)		
冶金(야금)		
陶冶(도야)		
邸宅(저택)	官邸(관저)	
私邸(사저)		
十里(십리)	萬里(만리)	
五里(오리)	海里(해리)	
佳景(가경)	佳人(가인)	
佳節(가절)	佳約(가약)	

女 계집녀 / 石 돌석 / 骨 뼈골 / 鉀 갑옷갑 / 荷 멜하 / 乃 이에내 / 冶 쇠불릴야 / 邸 큰집저 / 里 마을리 / 佳 아름다울가

65 노력하자. 성공을 위하여.

사오정의 한자학습방법

노	력	하	자	성	공	을	위	하	여
노	력	하	자	성	공	을	위	하	여
努	力	下	姿	成	功	乙	爲	夏	如

풀이

❖ 努力(노력): 힘을 다하여 애씀. 또는 그 힘.

❖ 成功(성공): 뜻을 이룸. 부나 사회적인 지위를 얻음.

努 힘쓸노	努力(노력)	
力 힘력	强力(강력) 怪力(괴력) 國力(국력) 氣力(기력) 努力(노력) 能力(능력)	
下 아래하	下略(하략) 下流(하류) 下命(하명) 下賜(하사) 下船(하선) 下旬(하순)	
姿 맵시자	恣行(자행) 放姿(방자)	
成 이룰성	成功(성공) 成果(성과) 成立(성립) 成分(성분) 成事(성사) 成熟(성숙)	
功 공공	功德(공덕) 功勞(공로) 功臣(공신) 功績(공적) 武功(무공) 有功(유공)	
乙 새을	乙駁(을박) 乙巳(을사) 乙種(을종) 乙丑(을축) 甲乙(갑을)	
爲 할위	當爲(당위) 無爲(무위) 營爲(영위) 人爲(인위)	
夏 여름하	夏季(하계) 夏期(하기) 夏節(하절) 夏至(하지)	
如 같을여	如干(여간) 如前(여전) 如何(여하) 缺如(결여)	

66 **농담마라 장난이 아니야.**

사오정의 한자학습방법

농	담	마	라	장	난	이	아	니	야
농	담	마	라	장	난	이	아	니	야
弄	談	磨	螺	長	難	弛	我	泥	也

풀이

❖ 弄談(농담) : 실없이 하는 우스갯 소리. 장난으로 하는 말.

弄	희롱할롱	弄奸(농간)	弄調(농조)	愚弄(우롱)
		才弄(재롱)	嘲弄(조롱)	戲弄(희롱)
談	말씀담	對談(대담)	德談(덕담)	面談(면담)
		美談(미담)	密談(밀담)	相談(상담)
磨	갈마	磨滅(마멸)	磨耗(마모)	鍊磨(연마)
		硏磨(연마)		
螺	소라라	螺絲(나사)		
		螺線(나선)		
長	길장	長官(장관)	長久(장구)	長技(장기)
		長短(장단)	長成(장성)	長身(장신)
難	어려울난	難處(난처)	難航(난항)	難解(난해)
		苦難(고난)	非難(비난)	險難(험난)
弛	늦출이	弛緩(이완)		
		解弛(해이)		
我	나아	我軍(아군)	我執(아집)	
		無我(무아)	自我(자아)	
泥	진흙니	泥丘(이구)	泥田(이전)	
		泥土(이토)	泥中(이중)	
也	어조사야	獨也(독야)	是也(시야)	

67 뇌리에 스치는 너의 모습.

사오정의 한자학습방법

뇌	리	에	스	치	는	너	의	모	습
뇌	리	애	수	치	능	니	의	모	습
腦	裏	涯	受	値	能	泥	誼	暮	濕

풀이

❖ 腦裏(뇌리) : 생각하는 머릿 속. 뇌중.

腦 머릿골뇌	腦死(뇌사) 腦炎(뇌염) 腦波(뇌파)	
	大腦(대뇌) 頭腦(두뇌) 洗腦(세뇌)	
裏 속 리	裏面(이면) 裏書(이서)	
	表裏(표리)	
涯 물가 애	生涯(생애) 水涯(수애)	
	天涯(천애)	
受 받을 수	受講(수강) 受給(수급) 受納(수납)	
	受諾(수락) 受領(수령) 受賞(수상)	
値 값 치	價値(가치)	
	數値(수치)	
能 능할 능	性能(성능) 藝能(예능) 有能(유능)	
	才能(재능) 全能(전능) 效能(효능)	
泥 진흙 니	泥丘(이구) 泥田(이전) 泥中(이중)	
	泥土(이토)	
誼 옳을 의	交誼(교의) 友誼(우의)	
	好誼(호의) 厚誼(후의)	
暮 저물 모	暮景(모경) 暮改(모개)	
	歲暮(세모)	
濕 젖을 습	濕氣(습기) 濕度(습도)	
	乾濕(건습) 冷濕(냉습)	

68 능력 좋다. 정말 대단하다.

사오정의 한자학습방법

능	력	좋	다	정	말	대	단	하	다
능	력	조	타	정	말	대	단	하	다
能	力	鳥	打	頂	末	待	段	賀	茶

풀이

❖ 能力(능력): ① 어떤 일을 해낼 수 있는 힘. ② 법률상 어떤 일에 관하여 필요로 하는 자격.

能	능할 능
力	힘 력
鳥	새 조
打	칠 타
頂	정수리 정
末	끝 말
待	기다릴 대
段	층계 단
賀	하례 하
茶	차 다

能動(능동)　能力(능력)　能率(능률)
能熟(능숙)　能通(능통)　技能(기능)
魅力(매력)　武力(무력)　無力(무력)
迫力(박력)　兵力(병력)　浮力(부력)
鳥瞰(조감)　鳥類(조류)　吉鳥(길조)
白鳥(백조)　花鳥(화조)　黃鳥(황조)
打開(타개)　打球(타구)　打倒(타도)
打算(타산)　打殺(타살)　打者(타자)
頂上(정상)　頂點(정점)　登頂(등정)
山頂(산정)　絶頂(절정)
末期(말기)　末年(말년)　末端(말단)
末尾(말미)　末世(말세)　末葉(말엽)
待遇(대우)　待接(대접)　待避(대피)
期待(기대)　冷待(냉대)　薄待(박대)
段階(단계)　上段(상단)
昇段(승단)　初段(초단)
賀客(하객)　賀禮(하례)
祝賀(축하)　致賀(치하)
茶菓(다과)　茶道(다도)
茶房(다방)　茶室(다실)

69 다 모여라. 지금 시작하자.

사오정의 한자학습방법

다	모	여	라	지	금	시	작	하	자
다	모	여	라	지	금	시	작	하	자
多	某	汝	羅	只	今	始	作	何	恣

풀이

❖ 只今(지금) : 이 시간. 현재. 시방. 이제 막.
❖ 始作(시작) : 무엇을 처음으로 하거나 쉬었다가 다시 함.

| 多 많을 다 |
| 某 아무개 모 |
| 汝 너 여 |
| 羅 그물 라 |
| 只 다만 지 |
| 今 이제 금 |
| 始 처음 시 |
| 作 지을 작 |
| 何 어찌 하 |
| 恣 방자할 자 |

多角(다각)　多福(다복)　多分(다분)
多少(다소)　多樣(다양)　多作(다작)
某國(모국)　某氏(모씨)　某處(모처)
某月(모월)　某日(모일)　某時(모시)
汝等(여등)　汝輩(여배)
汝矣島(여의도)
羅紗(나사)　羅城(나성)　羅漢(나한)
網羅(망라)　新羅(신라)　耽羅(탐라)
但只(단지)

今年(금년)　今月(금월)　今日(금일)
今週(금주)　今後(금후)　古今(고금)
始動(시동)　始末(시말)　始發(시발)
始作(시작)　始祖(시조)　始初(시초)
作家(작가)　作曲(작곡)
作名(작명)　作文(작문)
何等(하등)　何必(하필)
如何(여하)　幾何(기하)
恣行(자행)　放恣(방자)

70 단도직입적으로 말한다.

사오정의 한자학습방법

단	도	직	입	적	으	로	말	한	다
단	도	직	입	적	의	로	말	한	다
單	刀	直	入	的	毅	盧	沫	汗	多

풀이

❖ 單刀直入的(단도직입적): 말을 하거나 글을 쓸 때 군말이나 허두를 빼고 곧장 요지를 말하는 것.

單	단위단
刀	칼도
直	곧을직
入	들입
的	과녁적
毅	굳셀의
盧	검을로
沫	거품말
汗	땀한
多	많을다

單身(단신)　　單語(단어)　　單元(단원)
單位(단위)　　單一(단일)　　單調(단조)
刀劍(도검)　　刀工(도공)　　短刀(단도)
面刀(면도)　　竹刀(죽도)　　執刀(집도)
直線(직선)　　直視(직시)　　直營(직영)
直前(직전)　　直接(직접)　　直行(직행)
入選(입선)　　入所(입소)　　入試(입시)
入室(입실)　　入養(입양)　　入營(입영)
心的(심적)　　外的(외적)　　靜的(정적)
標的(표적)　　橫的(횡적)
毅然(의연)

盧牟(노모)
老生之夢(노생지몽)
泡沫(포말)

汗蒸(한증)　　發汗(발한)
不汗黨(불한당)
多彩(다채)　　多幸(다행)
雜多(잡다)　　最多(최다)

71 달려가 안기면서 포옹함.

사오정의 한자학습방법

달	려	가	안	기	면	서	포	옹	함
달	려	가	안	기	면	서	포	옹	함
達	呂	街	顔	旣	免	恕	抱	擁	咸

풀이

❖ 抱擁(포옹) : 품에 껴안음.

達	통달할 달	速達(속달)	送達(송달)	熟達(숙달)
		示達(시달)	傳達(전달)	配達(배달)
呂	음률 려	呂氏(여씨)		
		呂宋煙(여송연)		
街	거리 가	街道(가도)	街頭(가두)	街販(가판)
		商街(상가)	街路(가로)	市街(시가)
顔	얼굴 안	顔料(안료)	顔色(안색)	顔面(안면)
		童顔(동안)	無顔(무안)	紅顔(홍안)
旣	이미 기	旣刊(기간)	旣述(기술)	旣定(기정)
		旣存(기존)	旣婚(기혼)	旣成(기성)
免	면할 면	免責(면책)	免許(면허)	減免(감면)
		謀免(모면)	放免(방면)	赦免(사면)
恕	용서할 서	寬恕(관서)		
		容恕(용서)		
抱	안을 포	抱卵(포란)	抱負(포부)	
		抱主(포주)	懷抱(회포)	
擁	안을 옹	擁立(옹립)	擁壁(옹벽)	
		擁護(옹호)		
咸	다 함	咸池(함지)	咸興(함흥)	

72 담담한 표정으로 말했다.

사오정의 한자학습방법

담	담	한	표	정	으	로	말	했	다
담	담	한	표	정	의	로	말	행	다
淡	潭	旱	表	情	衣	路	末	行	多

풀이   ❖ 表情(표정) : 감정이나 마음 속의 정서 따위가 얼굴에 나타난 상태.

淡	묽을 담	淡白(담백)	淡水(담수)	濃淡(농담)
		冷淡(냉담)		
潭	못 담	潭思(담사)	潭水(담수)	
		潭深(담심)		
旱	가물 한	旱魃(한발)	旱災(한재)	
		旱害(한해)		
表	거죽 표	表決(표결)	表明(표명)	表象(표상)
		表示(표시)	表情(표정)	表題(표제)
情	뜻 정	情報(정보)	情事(정사)	情緒(정서)
		情勢(정세)	情熱(정열)	情操(정조)
衣	옷 의	衣類(의류)	衣服(의복)	衣裳(의상)
		白衣(백의)	上衣(상의)	下衣(하의)
路	길 로	線路(선로)	小路(소로)	水路(수로)
		隘路(애로)	旅路(여로)	陸路(육로)
末	끝 말	末日(말일)	結末(결말)	
		始末(시말)	月末(월말)	
行	다닐 행	行脚(행각)	行軍(행군)	
		行步(행보)	行事(행사)	
多	많을 다	多角(다각)	多感(다감)	
		多量(다량)	多忙(다망)	

73 **답답해 정말 미칠 것 같애.**

사오정의 한자학습방법

답	답	해	정	말	미	칠	것	같	애
답	답	해	정	말	미	칠	거	가	태
答	踏	奚	停	沫	米	七	據	可	太

고사성어

❖ 馬耳東風(마이동풍) : 남의 말을 귀담아 듣지 않고 무관심하게 흘러 버림을 뜻함.

答 대답할답	答禮(답례)	答訪(답방)	答辭(답변)
	答辭(답사)	答信(답신)	答狀(답장)
踏 밟을답	踏步(답보)	踏査(답사)	踏襲(답습)
	未踏(미답)		
奚 어찌해	奚琴(해금)		
	奚奴(해노)		
停 머무를정	停刊(정간)	停年(정년)	停泊(정박)
	停電(정전)	停止(정지)	停車(정차)
沫 거품말	泡沫(포말)		
米 쌀미	米穀(미곡)	米飮(미음)	白米(백미)
	糧米(양미)	節米(절미)	玄米(현미)
七 일곱칠	七夕(칠석)	七旬(칠순)	七音(칠음)
	七情(칠정)	七族(칠족)	七星(칠성)
據 의거할거	據點(거점)	根據(근거)	
	占據(점거)	證據(증거)	
可 옳을가	可決(가결)	可能(가능)	
	可望(가망)	可否(가부)	
太 클대	太古(태고)	太半(태반)	
	太初(태초)	太白(태백)	

74 당신은 내 마음 전혀 몰라.

사오정의 한자학습방법

당	신	은	내	마	음	전	혀	몰	라
당	신	은	내	마	음	전	여	몰	라
當	身	銀	耐	馬	吟	田	與	沒	羅

 풀이

❖ 當身(당신) : 부부간이나 사랑하는 사이에 서로 상대편
을 일컫는 말.

當	마땅할당
身	몸신
銀	은은
耐	견딜내
馬	말마
吟	읊을음
田	밭전
與	줄여
沒	빠질몰
羅	그물라

當付(당부)　　當社(당사)　　當選(당선)
當時(당시)　　當然(당연)　　當日(당일)
身元(신원)　　身長(신장)　　身體(신체)
謹身(근신)　　代身(대신)　　獨身(독신)
銀幕(은막)　　銀箔(은박)　　銀髮(은발)
銀賞(은상)　　水銀(수은)　　洋銀(양은)
耐久(내구)　　耐性(내성)　　耐熱(내열)
耐乏(내핍)　　耐火(내화)　　耐寒(내한)
馬脚(마각)　　馬券(마권)　　馬場(마장)
馬車(마차)　　競馬(경마)　　犬馬(견마)
吟味(음미)　　吟風(음풍)
呻吟(신음)
田畓(전답)　　田園(전원)
油田(유전)　　火田(화전)
與件(여건)　　與圈(여권)
與信(여신)　　與野(여야)
水沒(수몰)　　日沒(일몰)
沈沒(침몰)　　陷沒(함몰)
羅紗(나사)　　羅城(나성)
網羅(망라)　　新羅(신라)

75 **대체 이거 무슨 일이야. 응?**

사오정의 한자학습방법

대	체	이	거	무	슨	이	이	야	응
대	체	이	거	무	순	일	이	야	응
大	體	已	渠	戊	順	溢	二	夜	應

풀이

❖ **大體(대체)** : ① 사물 등의 전체에서 요점만을 딴 줄거리. ② 대관절. 요점만 말한다면.

大	큰 대	大膽(대담)	大盜(대도)	大道(대도)
		大略(대략)	大量(대량)	大怒(대노)
體	몸 체	體格(체격)	體系(체계)	體軀(체구)
		體級(체급)	體大(체대)	體力(체력)
已	이미 이	已往(이왕)		
		已往之事(이왕지사)		
渠	개천 거	渠水(거수)		
戊	천간 무	戊子(무자)		
		戊午(무오)		
順	순할 순	順理(순리)	順番(순번)	順産(순산)
		順序(순서)	順位(순위)	逆順(역순)
溢	넘칠 일	腦溢(뇌일)	汎溢(범일)	
		海溢(해일)		
二	두 이	二等(이등)	二分(이분)	
		二次(이차)	二千(이천)	
夜	밤 야	夜行(야행)	夜話(야화)	
		徹夜(철야)	初夜(초야)	
應	응할 응	應諾(응낙)	應答(응답)	
		應募(응모)	應手(응수)	

76 도로 아미타불이라니 원.

사오정의 한자학습방법

도	로	아	미	타	불	이	라	니	원
도	로	아	미	타	불	이	라	니	원
都	露	阿	彌	陀	佛	移	羅	泥	原

풀이

❖ 阿彌陀佛(아미타불) : 서방 정토의 극락 세계에 있다는 부처의 이름.

都	도시 도	都給(도급)	都城(도성)	都市(도시)
		都心(도심)	都邑(도읍)	都合(도합)
露	이슬 로	露骨(노골)	露宿(노숙)	露店(노점)
		露呈(노정)	露天(노천)	露出(노출)
阿	아첨할 아	阿膠(아교)	阿附(아부)	阿洲(아주)
		阿諂(아첨)	阿片(아편)	
彌	두루 미	彌勒(미륵)	彌縫(미봉)	
		彌滿(미만)	彌撒(미사)	
陀	험할 타	佛陀(불타)		
佛	부처 불	佛家(불가)	佛供(불공)	佛教(불교)
		佛堂(불당)	佛徒(불도)	佛像(불상)
移	옮길 이	移住(이주)	移職(이직)	移牒(이첩)
		移替(이체)	變移(변이)	轉移(전이)
羅	그물 라	羅紗(나사)	羅城(나성)	
		網羅(망라)	新羅(신라)	
泥	진흙 니	泥丘(이구)	泥田(이전)	
		泥土(이토)	泥中(이중)	
原	근원 원	原價(원가)	原論(원론)	
		原理(원리)	原文(원문)	

77 독한 여자가 따로 없더라.

사오정의 한자학습방법

독	한	여	자	가	따	로	없	더	라
독	한	여	자	가	타	로	업	도	라
毒	汗	女	子	歌	妥	老	業	圖	羅

풀이

❖ 女子(여자) : 여성인 사람. 여성다운 계집.

毒	독할독
汗	땀 한
女	계집녀
子	아들자
歌	노래가
妥	타협할타
老	늙을로
業	업 업
圖	그림도
羅	그물라

毒物(독물)　　毒蛇(독사)　　毒性(독성)
毒素(독소)　　毒種(독종)　　毒草(독초)
汗蒸(한증)　　發汗(발한)
不汗黨(불한당)
女警(여경)　　女流(여류)　　女僧(여승)
女神(여신)　　女兒(여아)　　女人(여인)
子孫(자손)　　子正(자정)　　子弟(자제)
利子(이자)　　分子(분자)　　王子(왕자)
歌曲(가곡)　　歌詞(가사)　　歌手(가수)
歌謠(가요)　　歌唱(가창)　　頌歌(송가)
妥結(타결)　　妥當(타당)
妥協(타협)
老軀(노구)　　老鍊(노련)　　老母(노모)
老松(노송)　　老衰(노쇠)　　老患(노환)
農業(농업)　　同業(동업)
副業(부업)　　分業(분업)
圖面(도면)　　圖謀(도모)
圖案(도안)　　圖表(도표)
羅紗(나사)　　羅城(나성)
網羅(망라)　　新羅(신라)

78 **돈이 최고야하는 이 시대.**

사오정의 한자학습방법

돈	이	최	고	야	하	는	이	시	대
돈	이	최	고	야	하	능	이	시	대
豚	貳	最	高	野	何	能	以	時	代

풀이

❖ 最高(최고) : ① 가장 높음. ② 가장 나음.
❖ 時代(시대) : 어떤 길이를 지닌 연월(年月), 또는 역사적인 특징을 가지고 구분된 일정한 기간.

豚	돼지돈
貳	두 이
最	가장 최
高	높을 고
野	들 야
何	어찌 하
能	능할 능
以	써 이
時	때 시
代	대신 대

豚舍(돈사)　　豚肉(돈육)　　豚皮(돈피)
養豚(양돈)　　種豚(종돈)
貳心(이심)　　貳拾(이십)　　貳百(이백)
貳千(이천)　　貳萬(이만)　　貳億(이억)
最新(최신)　　最惡(최악)　　最低(최저)
最適(최적)　　最終(최종)　　最初(최초)
高見(고견)　　高校(고교)　　高貴(고귀)
高級(고급)　　高度(고도)　　高額(고액)
野圈(야권)　　野望(야망)　　野薄(야박)
野卑(야비)　　野山(야산)　　野性(야성)
何等(하등)　　何必(하필)　　誰何(수하)
如何(여하)　　幾何(기하)　　抑何(억하)
能動(능동)　　能力(능력)　　能率(능률)
能熟(능숙)　　能通(능통)　　技能(기능)
以南(이남)　　以內(이내)
以上(이상)　　以外(이외)
時價(시가)　　時間(시간)
時急(시급)　　時期(시기)
代表(대표)　　代行(대행)
時代(시대)　　年代(연대)

79 **돌아서서 보지말고 가라.**

사오정의 한자학습방법

돌	아	서	서	보	지	말	고	가	라
돌	아	서	서	보	지	말	고	가	라
突	牙	署	暑	寶	池	末	庫	加	羅

고사성어

❖ 罔極之恩(망극지은) : 죽을 때까지 다할 수 없는 임금이
나 부모의 크나큰 은혜

突	부딪칠돌	突起(돌기)	突發(돌발)	突變(돌변)
		突入(돌입)	突進(돌진)	突出(돌출)
牙	어금니아	牙城(아성)	象牙(상아)	
		齒牙(치아)		
署	관청서	署理(서리)	署名(서명)	署長(서장)
		官署(관서)	部署(부서)	支署(지서)
暑	더울서	暑氣(서기)	大暑(대서)	處暑(처서)
		暴暑(폭서)	酷暑(혹서)	避暑(피서)
寶	보배보	寶庫(보고)	寶物(보물)	寶石(보석)
		寶貨(보화)	家寶(가보)	國寶(국보)
池	못지	電池(전지)	酒池(주지)	天池(천지)
		咸池(함지)		
末	끝말	末期(말기)	末年(말년)	末端(말단)
		末尾(말미)	末世(말세)	末葉(말엽)
庫	곳집고	國庫(국고)	金庫(금고)	
		在庫(재고)	出庫(출고)	
加	더할가	加工(가공)	加盟(가맹)	
		加算(가산)	加速(가속)	
羅	그물라	羅紗(나사)	羅城(나성)	
		網羅(망라)	新羅(신라)	

80 동아리에 꼭 가입해라. 응?

사오정의 한자학습방법

동	아	리	에	꼭	가	입	해	라	응
동	아	리	애	곡	가	입	해	라	응
洞	芽	裡	隘	谷	加	入	該	羅	應

풀이

❖ 加入(가입) : 어떤 단체나 조직 등에 들어감.

洞	마을 동	洞窟(동굴) 洞長(동장) 洞政(동정) 分洞(분동)
芽	싹 아	芽接(아접) 發芽(발아)
裡	속 리	腦裡(뇌리) 暗暗裡(암암리)
隘	좁을 애	隘路(애로) 隘路事項(애로사항)
谷	골 곡	溪谷(계곡) 陵谷(능곡) 維谷(유곡) 峽谷(협곡)
加	더할 가	加工(가공) 加盟(가맹) 加味(가미) 加算(가산) 加速(가속) 加熱(가열)
入	들 입	入院(입원) 入住(입주) 入札(입찰) 入荷(입하) 入港(입항) 入會(입회)
該	해당할 해	該當(해당) 該博(해박)
羅	그물 라	羅紗(나사) 羅城(나성) 網羅(망라) 新羅(신라)
應	응할 응	感應(감응) 對應(대응) 不應(불응) 適應(적응)

81

두드려라 문이 열릴거다.

사오정의 한자학습방법

두	드	려	라	문	이	열	릴	거	다
두	두	려	라	문	이	열	일	거	다
頭	杜	侶	螺	門	耳	悦	一	巨	茶

풀이

❖ 目不忍見(목불인견) : 딱하고 가엾어 차마 눈으로 볼 수 없음. 또는 그러한 참상.

頭 머리두	頭緒(두서)	頭痛(두통)	念頭(염두)
	序頭(서두)	先頭(선두)	語頭(어두)
杜 아가위두	杜甫(두보)	杜時(두시)	杜絶(두절)
	杜門(두문)		
侶 짝려	伴侶(반려)		
	僧侶(승려)		
螺 소라라	螺絲(나사)		
	螺線(나선)		
門 문문	門閥(문벌)	門中(문중)	門牌(문패)
	家門(가문)	關門(관문)	部門(부문)
耳 귀이	耳目(이목)	耳順(이순)	耳炎(이염)
	馬耳(마이)	逆耳(역이)	牛耳(우이)
悦 기쁠열	喜悦(희열)		
一 한일	一方(일방)	一生(일생)	
	一躍(일약)	一聯(일연)	
巨 클거	巨軀(거구)	巨金(거금)	
	巨木(거목)	巨物(거물)	
茶 차다	茶菓(다과)	茶道(다도)	
	茶房(다방)	茶室(다실)	

82 득실거리는 군중의 심리.

사오정의 한자학습방법

득	실	거	리	는	군	중	의	심	리
득	실	거	리	능	군	중	의	심	리
得	失	去	李	能	群	衆	依	心	理

풀이

❖ 群衆(군중):한곳에 모인 많은 사람의 무리.

❖ 心理(심리) : ①마음의 움직임이나 상태. ②마음의 현상.

得	얻을득	得勢(득세)	得失(득실)	得意(득의)
		得點(득점)	得票(득표)	納得(납득)
失	잃을실	失格(실격)	失權(실권)	失禮(실례)
		失望(실망)	失手(실수)	失言(실언)
去	갈거	去年(거년)	去來(거래)	去留(거류)
		去事(거사)	去處(거처)	過去(과거)
李	오얏리	李氏(이씨)	李朝(이조)	李花(이화)
		李兄(이형)		
能	능할능	可能(가능)	機能(기능)	萬能(만능)
		無能(무능)	本能(본능)	不能(불능)
群	무리군	群島(군도)	群衆(군중)	拔群(발군)
		星群(성군)	學群(학군)	群雄(군웅)
衆	무리중	衆論(중론)	衆生(중생)	衆智(중지)
		觀衆(관중)	群衆(군중)	大衆(대중)
依	의거할의	依據(의거)	依賴(의뢰)	
		依支(의지)	依他(의타)	
心	마음심	心證(심증)	心醉(심취)	
		心血(심혈)	內心(내심)	
理	이치리	無理(무리)	病理(병리)	
		事理(사리)	修理(수리)	

83 등산 안 갈래? 우리끼리만.

사오정의 한자학습방법

등	산	안	갈	래	우	리	끼	리	만
등	산	안	갈	래	우	리	기	리	만
登	山	眼	渴	來	又	理	紀	利	滿

풀이

❖ 登山(등산) : 산에 오름.

登	오를 등	登校(등교)	登記(등기)	登錄(등록)
山	뫼 산	登山(등산)	登場(등장)	登程(등정)
		山林(산림)	山脈(산맥)	山寺(산사)
		山勢(산세)	山所(산소)	山中(산중)
眼	눈 안	眼鏡(안경)	眼科(안과)	眼帶(안대)
		眼目(안목)	眼中(안중)	眼疾(안질)
渴	목마를 갈	渴求(갈구)	渴望(갈망)	渴症(갈증)
		枯渴(고갈)	燥渴(조갈)	解渴(해갈)
來	올 래	來日(내일)	來週(내주)	未來(미래)
		元來(원래)	來年(내년)	
又	또 우	又重之(우중지)		
理	이치 리	經理(경리)	管理(관리)	道理(도리)
		論理(논리)	料理(요리)	倫理(윤리)
紀	기강 기	紀綱(기강)	紀律(기율)	
		西紀(서기)	風紀(풍기)	
利	이로울 리	勝利(승리)	實利(실리)	
		銳利(예리)	有利(유리)	
滿	찰 만	滿足(만족)	未滿(미만)	
		圓滿(원만)	充滿(충만)	

84 마시자. 한 잔의 음료수를.

사오정의 한자학습방법

마	시	자	한	잔	의	음	료	수	를
마	시	자	한	잔	의	음	료	수	률
麻	市	仔	閑	殘	義	飮	料	水	率

풀이

❖ 飮料水(음료수) : 사람이 그대로 마시거나 음식을 만드는 데 쓸 수 있는 물.

麻	삼 마	麻衣(마의)	麻雀(마작)	
		大麻(대마)		
市	도시 시	市長(시장)	市中(시중)	市販(시판)
		都市(도시)	證市(증시)	撤市(철시)
仔	자세 할자	仔詳(자상)		
		仔細(자세)		
閑	한가 할한	閑暇(한가)	閑散(한산)	閑寂(한적)
		閑職(한직)	農閑(농한)	等閑(등한)
殘	남을 잔	殘高(잔고)	殘金(잔금)	殘留(잔류)
		殘務(잔무)	殘額(잔액)	殘業(잔업)
義	옳을 의	定義(정의)	眞義(진의)	大義(대의)
		主義(주의)	仁義(인의)	
飮	마실 음	飮毒(음독)	飮酒(음주)	飮食(음식)
		過飮(과음)	米飮(미음)	暴飮(폭음)
料	헤아 릴료	肥料(비료)	史料(사료)	
		燃料(연료)	染料(염료)	
水	물 수	水難(수난)	水道(수도)	
		水路(수로)	水脈(수맥)	
率	비율 율	比率(비율)	稅率(세율)	
		打率(타율)	換率(환율)	

85 막문가내였어. 그 사람은.

사오정의 한자학습방법

막	무	가	내	였	어	그	사	람	은
막	무	가	내	역	서	구	사	람	은
莫	無	可	奈	易	署	俱	私	覽	隱

풀이

❖ 莫無可奈(막무가내): 한번 정한 대로 고집하여 도무지 융통성이 없음.

莫	없을 막	莫大(막대)	莫論(막론)	莫重(막중)
		索莫(삭막)	寂寞(적막)	
無	없을 무	無關(무관)	無期(무기)	無難(무난)
		無能(무능)	無禮(무례)	無料(무료)
可	옳을 가	可決(가결)	可能(가능)	可動(가동)
		可望(가망)	可否(가부)	不可(불가)
奈	어찌 내	可奈(가내)		
		奈何(내하)		
易	바꿀 역	易學(역학)	交易(교역)	貿易(무역)
		易之(역지)		
署	관청 서	署理(서리)	署名(서명)	署長(서장)
		官署(관서)	本署(본서)	部署(부서)
俱	함께 구	俱現(구현)		
		俱樂部(구락부)		
私	사사 사	私費(사비)	私席(사석)	
		私心(사심)	私有(사유)	
覽	볼 람	觀覽(관람)	閱覽(열람)	
		一覽(일람)	博覽(박람)	
隱	숨을 은	隱居(은거)	隱匿(은닉)	
		隱密(은밀)	隱身(은신)	

86 만나면 헤어지는 법이다.

사오정의 한자학습방법

만	나	면	헤	어	지	는	법	이	다
만	나	면	해	어	지	능	법	이	다
晩	那	勉	偕	於	誌	能	法	而	多

고사성어

❖ 白骨難忘(백골난망) : 죽어서 백골이 되어도 은혜를 잊을 수 없다는 뜻으로 남의 은혜에 깊이 감사하는 말.

晩 늦을 만	晩年(만년) 晩鐘(만종) 晩秋(만추) 晩學(만학) 晩成(만성) 晩婚(만혼)
那 어찌 나	那邊(나변) 支那(지나) 刹那(찰나)
勉 힘쓸 면	勉學(면학) 勤勉(근면)
偕 함께할 해	偕老(해로)
於 어조사 어	於焉間(어언간) 於中間(어중간)
誌 기록할 지	誌面(지면) 誌上(지상) 本誌(본지) 日誌(일지) 雜誌(잡지) 會誌(회지)
能 능할 능	性能(성능) 藝能(예능) 有能(유능) 才能(재능) 全能(전능) 效能(효능)
法 법 법	法人(법인) 法的(법적) 法定(법정) 法則(법칙)
而 말이을 이	學而(학이) 形而(형이) 似而非(사이비)
多 많을 다	多變(다변) 多福(다복) 多少(다소) 多樣(다양)

87 말도 마, 정말 미치겠더라.

사오정의 한자학습방법

말	도	마	정	말	미	치	겠	더	라
말	도	마	정	말	미	치	갱	도	라
末	倒	磨	政	沫	薇	置	更	桃	羅

고사성어

❖ 百折不屈(백절불굴) : 백번을 꺾어도 굽히지 않음. 곧 많은 고난을 극복하여 이겨 나감.

末 끝 말	末日(말일) 始末(시말)	結末(결말) 月末(월말)	粉末(분말) 週末(주말)
倒 넘어질 도	倒産(도산) 壓倒(압도)	倒着(도착) 卒倒(졸도)	倒置(도치) 打倒(타도)
磨 갈 마	磨滅(마멸) 硏磨(연마)	磨耗(마모)	鍊磨(연마)
政 정사 정	政見(정견) 政局(정국)	政經(정경) 政權(정권)	政界(정계) 政黨(정당)
沫 거품 말	泡沫(포말)		
薇 장미 미	薔薇(장미)		
置 둘 치	置中(치중) 代置(대치)	置重(치중) 對置(치)	据置(거치) 倒置(도치)
更 고칠 갱	更生(갱생) 更年期(갱년기)	更新(갱신)	
桃 복숭아도	桃源(도원) 胡桃(호도)	桃花(도화) 紅桃(홍도)	
羅 그물 라	羅紗(나사) 網羅(망라)	羅城(나성) 新羅(신라)	

88 망할 자식 가만 안 두겠어.

사오정의 한자학습방법

망	할	자	식	가	만	안	두	겠	어
망	할	자	식	가	만	안	두	개	서
亡	轄	子	息	架	慢	岸	斗	介	緒

풀이

❖ 子息(자식) : ① 아들과 딸. ② 남자를 욕하여 이르는 말.

亡 망할 망	亡國(망국) 亡身(망신)	亡靈(망령) 亡者(망자)	亡命(망명) 亡兆(망조)
轄 다스릴 할	管轄(관할) 直轄(직할)		
子 아들 자	長子(장자) 親子(친자)	精子(정자) 卓子(탁자)	因子(인자) 孝子(효자)
息 쉴 식	棲息(서식) 子息(자식)	女息(여식) 嘆息(탄식)	利息(이식) 休息(휴식)
架 시렁 가	架橋(가교) 十字架(십자가)	架設(가설)	書架(서가)
慢 거만할 만	慢性(만성) 緩慢(완만)	倨慢(거만) 自慢(자만)	驕慢(교만) 怠慢(태만)
岸 언덕 안	沿岸(연안) 東海岸(동해안)	海岸(해안)	
斗 말 두	斗屋(두옥) 泰斗(태두)	斗升(두승) 北斗(북두)	
介 끼일 개	介入(개입) 媒介(매개)	介在(개재) 仲介(중개)	
緒 실마리 서	緒論(서론) 頭緒(두서)	緒戰(서전) 由緒(유서)	

89

매일매일 기다렸어. 너를.

사오정의 한자학습방법

매	일	매	일	기	다	렸	어	너	를
매	일	매	일	기	다	력	서	니	를
每	日	妹	日	忌	茶	歷	瑞	泥	律

풀이

❖ 每日(매일) : ① 날마다. 나날이. ② 그날그날. 하루하루.

每 매양 매	每年(매년)	每番(매번)	每事(매사)
	每月(매월)	每日(매일)	每週(매주)
日 날 일	隔日(격일)	近日(근일)	今日(금일)
	期日(기일)	來日(내일)	當日(당일)
妹 누이 매	男妹(남매)		
	姉妹(자매)		
日 날 일	日刊(일간)	日間(일간)	日計(일계)
	日課(일과)	日記(일기)	日當(일당)
忌 꺼릴 기	忌日(기일)	忌憚(기탄)	忌避(기피)
	禁忌(금기)	猜忌(시기)	妬忌(투기)
茶 차 다	茶菓(다과)	茶道(다도)	茶禮(다례)
	茶房(다방)	茶室(다실)	
歷 지낼 력	歷代(역대)	歷史(역사)	歷任(역임)
	歷程(역정)	經歷(경력)	來歷(내력)
瑞 상서로울 서	瑞光(서광)	瑞氣(서기)	
	祥瑞(상서)		
泥 진흙 니	泥丘(이구)	泥田(이전)	
	泥土(이토)	泥中(이중)	
律 법 률	韻律(운율)	自律(자율)	
	他律(타율)	二律(이율)	

90 맥주 마실래? 한 잔만 하자.

사오정의 한자학습방법

맥	주	마	실	래	한	잔	만	하	자
맥	주	마	실	래	한	잔	만	하	자
麥	酒	馬	實	來	寒	殘	漫	荷	刺

풀이

❖ 麥酒(맥주): 보리의 엿기름 즙에 홉(hop)을 섞어 향기와 쓴맛이 나게 한 뒤에 효모균으로 발효시켜 만든 술.

麥	보리 맥	麥芽(맥아)	麥酒(맥주)	小麥(소맥)
		原麥(원맥)		
酒	술 주	酒量(주량)	酒邪(주사)	酒色(주색)
		酒宴(주연)	禁酒(금주)	麥酒(맥주)
馬	말 마	馬脚(마각)	馬券(마권)	馬場(마장)
		馬車(마차)	競馬(경마)	犬馬(견마)
實	열매 실	實感(실감)	實權(실권)	實技(실기)
		實力(실력)	實例(실례)	實利(실리)
來	올 래	去來(거래)	近來(근래)	到來(도래)
		本來(본래)	往來(왕래)	由來(유래)
寒	찰 한	寒氣(한기)	寒帶(한대)	寒流(한류)
		寒波(한파)	寒害(한해)	寒雪(한설)
殘	남을 잔	殘高(잔고)	殘金(잔금)	殘留(잔류)
		殘額(잔액)	殘業(잔업)	殘餘(잔여)
漫	부질없을 만	漫談(만담)	漫然(만연)	
		浪漫(낭만)	放漫(방만)	
荷	멜 하	荷物(하물)	荷役(하역)	
		入荷(입하)	出荷(출하)	
刺	찌를 자	刺客(자객)	刺戟(자극)	
		刺傷(자상)	諷刺(풍자)	

91 **맹맹한 건 알아주어야 해.**

사오정의 한자학습방법

맹	맹	한	건	알	아	주	어	야	해
맹	맹	한	건	알	아	주	어	야	해
盲	猛	恨	件	謁	雅	朱	語	耶	諧

고사성어

❖ 粉骨碎身(분골쇄신) : 뼈는 가루가 되고 몸은 산산조각이 됨. 곧 목숨을 다해 애씀을 이르는 말.

盲 소경 맹	盲目(맹목)	盲信(맹신)	盲啞(맹아)
	盲兒(맹아)	盲腸(맹장)	盲點(맹점)
猛 사나울맹	猛犬(맹견)	猛攻(맹공)	猛烈(맹렬)
	猛獸(맹수)	猛威(맹위)	猛將(맹장)
恨 원한 한	恨歎(한탄)	餘恨(여한)	怨恨(원한)
	痛恨(통한)	悔恨(회한)	
件 사건 건	件名(건명)	件數(건수)	物件(물건)
	案件(안건)	與件(여건)	條件(조건)
謁 뵐 알	謁見(알현)		
	拜謁(배알)		
雅 아담할 아	雅量(아량)	雅號(아호)	雅淡(아담)
	端雅(단아)	清雅(청아)	
朱 붉을 주	朱丹(주단)	朱錫(주석)	
	朱紅(주홍)		
	朱黃(주황)		
語 말씀 어	語調(어조)	語套(어투)	
	國語(국어)	單語(단어)	
耶 어조사야	無耶(무야)		
	有耶(유야)		
諧 화할 해	諧謔(해학)		

92 면식범은 절대 아닐거야.

사오정의 한자학습방법

면	식	범	은	절	대	아	닐	거	야
면	식	범	은	절	대	아	니	거	야
面	識	犯	殷	絶	對	亞	泥	巨	冶

풀이

❖ 面識犯(면식범) : 피해자와 서로 아는 사이인 범인.
❖ 絶對(절대) : 〈절대로〉의 준말. 대립되거나 비교될 것이 없는 상태.

面	낮면	面接(면접)	面會(면회)	局面(국면)
		内面(내면)	當面(당면)	反面(반면)
識	알식	識見(식견)	識別(식별)	良識(양식)
		無識(무식)	博識(박식)	常識(상식)
犯	범할범	犯人(범인)	犯罪(범죄)	犯行(범행)
		共犯(공범)	累犯(누범)	防犯(방범)
殷	은계단	殷國(은국)		
		殷盛(은성)		
絶	끊을절	絶景(절경)	絶交(절교)	絶叫(절규)
		絶望(절망)	絶妙(절묘)	絶頂(절정)
對	대할대	對決(대결)	對內(대내)	對談(대담)
		對答(대답)	對等(대등)	對立(대립)
亞	버금아	亞鉛(아연)	亞洲(아주)	
		東亞(동아)		
泥	진흙니	泥丘(이구)	泥田(이전)	
		泥土(이토)		
巨	클거	巨金(거금)	巨大(거대)	
		巨物(거물)	巨富(거부)	
冶	쇠불릴야	冶金(야금)	陶冶(도야)	

93

멸치볶음 반찬 좋아하니?

사오정의 한자학습방법

멸	치	볶	음	반	찬	좋	아	하	니
멸	치	복	음	반	찬	조	아	하	니
滅	稚	福	陰	飯	饌	調	阿	下	泥

풀이

❖ 飯饌(반찬) : 밥에 곁들여 먹는 음식. 부식. 찬.

滅 멸할 멸	滅共(멸공)　滅菌(멸균)　滅亡(멸망)
	滅種(멸종)　潰滅(궤멸)　不滅(불멸)
稚 어릴 치	稚魚(치어)　稚拙(치졸)
	幼稚(유치)
福 복 복	福券(복권)　福利(복리)　福祉(복지)
	多福(다복)　萬福(만복)　薄福(박복)
陰 그늘 음	陰曆(음력)　陰謀(음모)　陰散(음산)
	陰性(음성)　陰害(음해)　陰凶(음흉)
飯 밥 반	飯店(반점)　飯酒(반주)　白飯(백반)
	朝飯(조반)　茶飯事(다반사)
饌 밥 찬	盛饌(성찬)　素饌(소찬)
	晩饌(만찬)
調 고를 조	調律(조율)　調査(조사)　調書(조서)
	調印(조인)　調節(조절)　調整(조정)
阿 아첨할 아	阿膠(아교)　阿附(아부)
	阿諂(아첨)
下 아래 하	下體(하체)　下層(하층)
	下限(하한)　下行(하행)
泥 진흙 니	泥丘(이구)　泥田(이전)
	泥土(이토)　泥中(이중)

94 명랑한 너의 성격이 좋아.

사오정의 한자학습방법

명	랑	한	너	의	성	격	이	좋	아
명	랑	한	니	의	성	격	이	조	아
明	朗	限	泥	議	性	格	異	朝	餓

풀이

❖ 明朗(명랑) : ① 맑고 밝음. ② 밝고 쾌활함.
❖ 性格(성격) : ① 각 개인이 가지고 있는 특유한 성질. 품성. ② 사물이나 상태. 또는 그 자체의 성질.

明	밝을 명	明記(명기)	明年(명년)	明朗(명랑)
		明瞭(명료)	明白(명백)	明細(명세)
朗	밝을 랑	朗讀(낭독)	朗報(낭보)	
		朗誦(낭송)		
限	한정할 한	限度(한도)	限界(한계)	限定(한정)
		局限(국한)	期限(기한)	無限(무한)
泥	진흙 니	泥丘(이구)	泥田(이전)	泥中(이중)
		泥土(이토)		
議	의논할 의	議案(의안)	議員(의원)	議題(의제)
		議會(의회)	論議(논의)	謀議(모의)
性	성품 성	性感(성감)	性格(성격)	性急(성급)
		性能(성능)	性味(성미)	性別(성별)
格	법식 격	格式(격식)	格言(격언)	缺格(결격)
		規格(규격)	品格(품격)	合格(합격)
異	다를 이	異國(이국)	異例(이례)	
		異色(이색)	異性(이성)	
朝	아침 조	朝刊(조간)	朝飯(조반)	
		朝鮮(조선)	朝會(조회)	
餓	주릴 아	餓鬼(아귀)	餓死(아사)	
		飢餓(기아)		

95

모임에 참석차 방문했다.

사오정의 한자학습방법

모	임	에	참	석	차	방	문	했	다
모	임	애	참	석	차	방	문	행	다
謀	妊	哀	參	席	次	訪	問	行	多

 풀이

❖ 參席次(참석차) : 어떤 자리나 모임에 참여하는 일과 겸하여 다른 일
까지 하게 될 예정을 표현한 말.
❖ 訪問(방문) : 남을 찾아봄.

謀 꾀할 모	共謀(공모)	圖謀(도모)	無謀(무모)
	陰謀(음모)	主謀(주모)	參謀(참모)
妊 아이밸 임	姙産(임산)	姙娠(임신)	不姙(불임)
	避姙(피임)		
哀 슬플 애	哀切(애절)	哀調(애조)	哀痛(애통)
	哀歡(애환)	悲哀(비애)	
參 참여할 참	參與(참여)	參酌(참작)	參戰(참전)
	參照(참조)	古參(고참)	持參(지참)
席 자리 석	席卷(석권)	席上(석상)	席次(석차)
	缺席(결석)	立席(입석)	末席(말석)
次 버금 차	次長(차장)	次點(차점)	年次(연차)
	屢次(누차)	目次(목차)	月次(월차)
訪 찾을 방	訪美(방미)	訪北(방북)	訪日(방일)
	訪中(방중)	訪韓(방한)	來訪(내방)
問 물을 문	問答(문답)	問病(문병)	
	問安(문안)	問議(문의)	
行 다닐 행	行色(행색)	行星(행성)	
	行實(행실)	行員(행원)	
多 많을 다	多變(다변)	多福(다복)	
	多少(다소)	多樣(다양)	

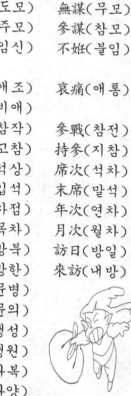

96 목 놓아 울었다. 이별 후에.

사오정의 한자학습방법

목	놓	아	울	었	다	이	별	후	에
목	노	아	울	억	다	이	별	후	애
木	怒	娥	蔚	抑	茶	離	別	後	愛

풀이

❖ 離別(이별) : 서로 갈림. 헤어짐. 별리.

木	나무목	木刻 (목각)	木工 (목공)	木器 (목기)
		木馬 (목마)	木星 (목성)	木手 (목수)
怒	성낼노	怒髮 (노발)	激怒 (격노)	憤怒 (분노)
		震怒 (진노)	大怒 (대노)	喜怒 (희노)
娥	예쁠아	娥英 (아영)		
		姮娥 (항아)		
蔚	우거질울	蔚然 (울연)		
		蔚興 (울흥)		
抑	누를억	抑留 (억류)	抑壓 (억압)	抑制 (억제)
		抑止 (억지)	抑何 (억하)	
茶	차다	茶菓 (다과)	茶道 (다도)	茶禮 (다례)
		茶房 (다방)	茶室 (다실)	
離	떠날리	離陸 (이륙)	離別 (이별)	離散 (이산)
		離籍 (이적)	離脫 (이탈)	
別	다를별	別莊 (별장)	別紙 (별지)	
		訣別 (결별)	區別 (구별)	
後	뒤후	後食 (후식)	後援 (후원)	
		後者 (후자)	後退 (후퇴)	
愛	사랑애	愛稱 (애칭)	愛鄕 (애향)	
		求愛 (구애)	博愛 (박애)	

97 몰래 감추어 둔 이 비상금.

사오정의 한자학습방법

몰	래	감	추	어	둔	이	비	상	금
몰	래	감	추	어	둔	이	비	상	금
沒	來	減	秋	御	鈍	移	非	常	金

풀이

❖ 非常金(비상금): 비상용으로 쓰기 위하여 마련하여 둔 돈.

沒 빠질몰	沒頭(몰두)	沒落(몰락)	沒殺(몰살)
	沒收(몰수)	沒入(몰입)	埋沒(매몰)
來 올래	將來(장래)	在來(재래)	傳來(전래)
	從來(종래)	招來(초래)	外來(외래)
減 덜감	減量(감량)	減俸(감봉)	減算(감산)
	減少(감소)	減收(감수)	減員(감원)
秋 가을추	秋季(추계)	秋穀(추곡)	秋色(추색)
	秋夕(추석)	秋收(추수)	秋夜(추야)
御 어거할어	御命(어명)	御使(어사)	御用(어용)
	制御(제어)		
鈍 둔할둔	鈍感(둔감)	鈍器(둔기)	鈍才(둔재)
	鈍濁(둔탁)	鈍化(둔화)	愚鈍(우둔)
移 옮길이	移管(이관)	移動(이동)	移民(이민)
	移徙(이사)	移送(이송)	利殖(이식)
非 아닐비	非賣(비매)	非運(비운)	
	非情(비정)	是非(시비)	
常 항상상	常駐(상주)	常套(상투)	
	日常(일상)	正常(정상)	
金 쇠금	金庫(금고)	金冠(금관)	
	金髮(금발)	金賞(금상)	

98 몽롱한 정신과 옛날 추억.

사오정의 한자학습방법

몽	롱	한	정	신	과	옛	날	추	억
몽	롱	한	정	신	과	예	날	추	억
朦	朧	韓	精	神	科	豫	捺	追	憶

풀이

❖ 朦朧(몽롱) : 정신이나 상황 따위가 뚜렷하지 않고 흐릿함.
❖ 精神(정신) : 사고나 감정의 작용을 다스리는 인간의 마음.
❖ 追憶(추억) : 지나간 일들을 돌이켜 생각함. 또는 그 생각.

朦 달빛 몽	朦朧(몽롱)		
朧 달빛 롱	朦昏(몽혼)		
	朦朧(몽롱)		
韓 나라 한	訪韓(방한)	北韓(북한)	駐韓(주한)
	韓國(한국)	韓美(한미)	韓服(한복)
精 정할 정	精巧(정교)	精力(정력)	精算(정산)
	精誠(정성)	精進(정진)	受精(수정)
神 귀신 신	神格(신격)	神奇(신기)	神技(신기)
	神童(신동)	神靈(신령)	神聖(신성)
科 조목 과	科目(과목)	科學(과학)	內科(내과)
	文科(문과)	法科(법과)	眼科(안과)
豫 미리 예	豫感(예감)	豫見(예견)	豫告(예고)
	豫買(예매)	豫賣(예매)	豫防(예방)
捺 누를 날	捺印(날인)		
追 쫓을 추	追加(추가)	追求(추구)	
	追突(추돌)	追慕(추모)	
憶 생각할 억	記憶(기억)	追憶(추억)	

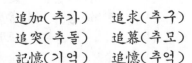

99 **묘한 일이야 참 신기하다.**

사오정의 한자학습방법

묘	한	일	이	야	참	신	기	하	다
묘	한	일	이	야	참	신	기	하	다
妙	漢	日	夷	夜	慙	新	奇	夏	多

풀이

❖ 新奇(신기):새롭고 기이함.

妙	묘할묘	妙技(묘기)	妙齡(묘령)	妙味(묘미)
		妙方(묘방)	妙手(묘수)	妙案(묘안)
漢	한수한	巨漢(거한)	怪漢(괴한)	色漢(색한)
		癡漢(치한)	惡漢(악한)	
日	날일	日語(일어)	日前(일전)	日程(일정)
		日誌(일지)	日直(일직)	日出(일출)
夷	오랑캐이	東夷(동이)		
		蠻夷(만이)		
夜	밤야	夜景(야경)]	夜光(야광)	夜勤(야근)
		夜食(야식)	夜深(야심)	夜陰(야음)
慙	부끄러울참	慙愧(참괴)	慙死(참사)	
		慙悔(참회)		
新	새신	新刊(신간)	新館(신관)	新規(신규)
		新奇(신기)	新年(신년)	新郎(신랑)
奇	기이할기	奇怪(기괴)	奇妙(기묘)	
		奇遇(기우)	奇異(기이)	
夏	여름하	夏季(하계)	夏期(하기)	
		夏節(하절)	夏至(하지)	
多	많을다	多彩(다채)	多幸(다행)	
		雜多(잡다)	最多(최다)	

100 무슨 일이야 나도 좀 알자.

사오정의 한자학습방법

무	슨	일	이	야	나	도	좀	알	자
무	순	일	이	야	나	도	종	알	자
武	旬	壹	伊	也	那	跳	鐘	謁	磁

고사성어

❖ 事必歸正(사필귀정) : 어떤 일이든 결국은 올바른 이치대로
됨. 반드시 정리(正理)로 돌아감.

武功(무공)	武器(무기)	武力(무력)
武術(무술)	武勇(무용)	武裝(무장)
旬刊(순간)	上旬(상순)	六旬(육순)
中旬(중순)	初旬(초순)	下旬(하순)
壹是(일시)	壹意(일의)	壹百(일백)
壹千(일천)	壹萬(일만)	壹億(일억)
伊太利(이태리)		
黃眞伊(황진이)		
獨也(독야)		
是也(시야)		
那邊(나변)	支那(지나)	
刹那(찰나)		
跳躍(도약)		
鐘閣(종각)	鐘路(종로)	
晩鐘(만종)	打鐘(타종)	
謁見(알현)		
拜謁(배알)		
磁極(자극)	磁器(자기)	
磁石(자석)	磁性(자성)	

武 호반 무
旬 열흘 순
壹 한 일
伊 저 이
也 어조사 야
那 어찌 나
跳 뛸 도
鐘 쇠북 종
謁 뵐 알
磁 자석 자

101 문제라도 있었니? 그때에.

사오정의 한자학습방법

문	제	라	도	있	었	니	그	때	에
문	제	라	도	이	선	니	구	태	애
問	題	羅	逃	爾	仙	泥	區	泰	涯

풀이

❖ 問題(문제) : ① 해답을 필요로 하는 물음. ② 성가신 일이
나 논쟁이 될 만한 일.

問 물을문	問答(문답)	問病(문병)	問喪(문상)
	問安(문안)	問議(문의)	問責(문책)
題 제목제	題目(제목)	題號(제호)	課題(과제)
	難題(난제)	副題(부제)	宿題(숙제)
羅 그물라	羅紗(나사)	羅星(나성)	羅漢(나한)
	網羅(망라)	新羅(신라)	
逃 달아날도	逃亡(도망)	逃走(도주)	
	逃避(도피)		
爾 너이	爾時(이시)	爾汝(이여)	
	爾餘(이여)		
仙 신선선	仙女(선녀)	仙境(선경)	仙桃(선도)
	仙藥(선약)	神仙(신선)	佛仙(불선)
泥 진흙니	泥丘(이구)	泥田(이전)	
	泥中(이중)	泥土(이토)	
區 구역구	區間(구간)	區內(구내)	
	區分(구분)	區域(구역)	
泰 클태	泰陵(태릉)	泰斗(태두)	
	泰山(태산)	泰然(태연)	
涯 물가애	生涯(생애)	水涯(수애)	
	天涯(천애)		

102 물론이지, 참 기가 막혀서.

사오정의 한자학습방법

물	론	이	지	참	기	가	막	혀	서
물	론	이	지	참	기	가	막	여	서
勿	論	弛	智	參	豈	家	幕	與	棲

풀이

❖ 勿論(물론) : 말할 필요가 없음. 말할 것도 없이.

勿 말 물	勿警(물경)　　勿論(물론) 勿忘草(물망초)	
論 의논론	論駁(논박)　　論説(논설)　　論述(논술) 論議(논의)　　論爭(논쟁)　　論評(논평)	
弛 늦출이	弛緩(이완) 解弛(해이)	
智 지혜지	智略(지략)　　智謀(지모)　　奇智(기지) 機智(기지)　　叡智(예지)　　鋭智(예지)	
參 참여할참	參加(참가)　　參見(참견)　　參觀(참관) 參謀(참모)　　參拜(참배)　　參席(참석)	
豈 어찌기	豈樂(기악) 豈弟(기제)	
家 집가	家計(가계)　　家具(가구)　　家内(가내) 家事(가사)　　家屋(가옥)　　家族(가족)	
幕 장막막	幕間(막간)　　幕僚(막료) 内幕(내막)　　序幕(서막)	
與 수레여	與望(여망)　　與論(여론) 喪輿(상여)	
棲 살서	棲息(서식)　　群棲(군서) 同棲(동서)	

103 미심쩍은 일이 무엇인데?

사오정의 한자학습방법

미	심	쩍	은	일	이	무	엇	인	데
미	심	적	은	일	이	무	억	인	대
未	審	的	慇	溢	二	舞	億	仁	大

풀이

❖ 未審(미심): 일이 확실하지 않아 마음 놓을 수 없음. 자세히 알지 못함.

未	아닐미
審	살필심
的	과녁적
慇	은할은
溢	넘칠일
二	두이
舞	춤출무
億	억억
仁	어질인
大	큰대

未開(미개)　未納(미납)　未達(미달)
未滿(미만)　未來(미래)　未拂(미불)
審理(심리)　審問(심문)　審査(심사)
審議(심의)　審判(심판)　副審(부심)
的中(적중)　公的(공적)　狂的(광적)
劇的(극적)　内的(내적)　端的(단적)
慇懃(은근)

海溢(해일)
腦溢血(뇌일혈)
二等(이등)　二分(이분)　二重(이중)
二次(이차)　二千(이천)　二億(이억)
舞臺(무대)　舞踊(무용)　舞姬(무희)
歌舞(가무)　鼓舞(고무)　按舞(안무)
億劫(억겁)　億臺(억대)
億兆(억조)　數億(수억)
仁術(인술)　仁慈(인자)
仁義(인의)　仁川(인천)
大陸(대륙)　大望(대망)
大凡(대범)　大別(대별)

104 **민간인들은 몰라도 되야.**

사오정의 한자학습방법

민	간	인	들	은	몰	라	도	되	야
민	간	인	득	은	몰	라	도	대	야
民	間	人	得	恩	沒	羅	渡	代	野

풀이

❖ 民間人(민간인) : 관리나 군인이 아닌 보통 사람.

民 백성 민	民家(민가) 民泊(민박) 民法(민법) 民生(민생) 民俗(민속) 民心(민심)
間 사이 간	間隔(간격) 間食(간식) 間接(간접) 間或(간혹) 空間(공간) 期間(기간)
人 사람 인	人物(인물) 人夫(인부) 人士(인사) 人生(인생) 人性(인성) 人心(인심)
得 얻을 득	得勢(득세) 得失(득실) 得意(득의) 得點(득점) 得票(득표) 納得(납득)
恩 은혜 은	恩功(은공) 恩德(은덕) 恩師(은사) 恩人(은인) 恩田(은전) 恩寵(은총)
沒 빠질 몰	水沒(수몰) 日沒(일몰) 出沒(출몰) 沈沒(침몰) 陷沒(함몰) 沒頭(몰두)
羅 그물 라	羅紗(나사) 羅星(나성) 羅漢(나한) 網羅(망라) 新羅(신라)
渡 건널 도	渡來(도래) 渡美(도미) 渡河(도하) 渡航(도항)
代 대신 대	代價(대가) 代金(대금) 代身(대신) 代案(대안)
野 들 야	野俗(야속) 野營(야영) 野慾(야욕) 野菜(야채)

105 **밀지마, 확실한 건 아니야.**

사오정의 한자학습방법

밀	지	마	확	실	한	건	아	니	야
밀	지	마	확	실	한	건	아	니	야
密	遲	麻	確	實	漢	健	娥	泥	耶

풀이

❖ 確實(확실) : 틀림이 없음. 틀림이 없이 사실임.

密	꿀 밀	蜜柑(밀감)	密語(밀어)	蜜月(밀월)
		採蜜(채밀)		
遲	더딜 지	遲刻(지각)	遲延(지연)	
		遲滯(지체)		
麻	삼 마	麻衣(마의)	麻雀(마작)	
		大麻(대마)		
確	확실 확	確答(확답)	確率(확률)	確立(확립)
		確保(확보)	確信(확신)	確實(확실)
實	열매 실	實感(실감)	實權(실권)	實技(실기)
		實力(실력)	實例(실례)	實利(실리)
漢	한수 한	漢文(한문)	漢方(한방)	漢詩(한시)
		漢陽(한양)	漢字(한자)	漢族(한족)
健	굳셀 건	健脚(건각)	健康(건강)	健勝(건승)
		健兒(건아)	健壯(건장)	健全(건전)
娥	예쁠 아	娥英(아영)		
		姮娥(항아)		
泥	진흙 니	泥中(이중)	泥丘(이구)	
		泥田(이전)	泥土(이토)	
耶	어조사 야	無耶(무야)	有耶(유야)	

106 빡빡하게 굴거야? 결정해.

사오정의 한자학습방법

빡	빡	하	게	굴	거	야	결	정	해
박	박	하	개	굴	거	야	결	정	해
泊	拍	賀	慨	屈	居	冶	決	定	害

풀이

❖ 決定(결정) : 결단을 내려 확정함. 또는 그 확정한 것이나 내용.

泊	머무를박	民泊(민박)	宿泊(숙박)	外泊(외박)
		停泊(정박)		
拍	칠 박	拍動(박동)	拍手(박수)	拍子(박자)
		拍掌(박장)	拍車(박차)	
賀	하례 하	賀客(하객)	賀禮(하례)	慶賀(경하)
		謹賀(근하)	祝賀(축하)	致賀(치하)
慨	분할 개	慨歎(개탄)	憤慨(분개)	感慨(감개)
屈	굽을 굴	屈曲(굴곡)	屈伏(굴복)	屈辱(굴욕)
		屈折(굴절)	屈指(굴지)	不屈(불굴)
居	살 거	居室(거실)	居住(거주)	居處(거처)
		起居(기거)	同居(동거)	別居(별거)
冶	쇠불릴야	冶金(야금)	陶冶(도야)	
決	정할 결	決斷(결단)	決算(결산)	
		決心(결심)	決意(결의)	
定	정할 정	定時(정시)	定員(정원)	
		定評(정평)	決定(결정)	
害	해할 해	有害(유해)	陰害(음해)	
		障害(장해)	災害(재해)	

107 반반한 것들은 문제 있어.

사오정의 한자학습방법

반	반	한	것	들	은	문	제	있	어
반	반	한	거	등	은	문	제	익	서
般	半	旱	擧	燈	銀	問	題	翼	曙

풀이

❖ 問題(문제):① 해답을 필요로 하는 물음. ② 성가신 일이나 논쟁이 될만한 일.

般 일반반	今般(금반) 諸般(제반)	一般(일반)	全般(전반)
半 절반반	半徑(반경) 半生(반생)	半島(반도) 半身(반신)	半裸(반라) 半折(반절)
旱 가물한	旱魃(한발)	旱災(한재)	旱害(한해)
擧 들거	擧國(거국) 擧事(거사)	擧動(거동) 擧行(거행)	擧論(거론) 選擧(선거)
燈 등잔등	燈臺(등대) 外燈(외등)	燈油(등유) 電燈(전등)	消燈(소등) 點燈(점등)
銀 은은	銀行(은행) 世銀(세은)	産銀(산은) 市銀(시은)	商銀(상은) 韓銀(한은)
問 물을문	問責(문책) 顧問(고문)	檢問(검문) 訪問(방문)	拷問(고문) 說問(설문)
題 제목제	宿題(숙제) 出題(출제)	議題(의제) 標題(표제)	
翼 날개익	右翼(우익) 左翼(좌익)		
曙 새벽서	曙光(서광)		

108 발등 찍힌 기분이었어. 난.

사오정의 한자학습방법

발	등	찍	힌	기	분	이	었	어	난
발	등	칙	인	기	분	이	억	서	난
拔	謄	則	因	氣	分	貳	億	敍	暖

풀이

❖ 氣分(기분) : 마음에 생기는 유쾌·불쾌·우울 따위의 주관적이고 단순한 감정의 상태.

拔	뺄 발	拔群(발군)	拔萃(발췌)	拔取(발취)
		拔擢(발탁)	奇拔(기발)	選拔(선발)
謄	베낄 등	謄本(등본)		
		謄寫(등사)		
則	법칙 칙	校則(교칙)	規則(규칙)	反則(반칙)
		罰則(벌칙)	法則(법칙)	守則(수칙)
因	인할 인	因果(인과)	因緣(인연)	因子(인자)
		起因(기인)	要因(요인)	原因(원인)
氣	기운 기	氣力(기력)	氣流(기류)	氣色(기색)
		氣溫(기온)	氣運(기운)	氣候(기후)
分	나눌 분	分家(분가)	分期(분기)	分納(분납)
		分擔(분담)	分量(분량)	分類(분류)
貳	두 이	貳心(이심)	貳拾(이십)	貳百(이백)
		貳千(이천)	貳萬(이만)	貳億(이억)
億	생각할 억	記憶(기억)	追憶(추억)	
敍	베풀 서	敍事(서사)	敍述(서술)	
		敍情(서정)	自敍(자서)	
暖	따뜻할 난	暖帶(난대)	暖流(난류)	
		溫暖(온난)	寒暖(한난)	

109 방방뜨고 난리일걸 아마.

사오정의 한자학습방법

방	방	뜨	고	난	리	일	걸	아	마
방	방	투	고	난	리	일	걸	아	마
房	防	投	孤	亂	離	逸	杰	衙	磨

풀이

❖ 亂離(난리): 전쟁이나 재앙 따위로 세상이 어지러워진 사태, 또는 그런한 전쟁이나 재앙.

房	방 방	房門(방문)	各房(각방)	監房(감방)
防	막을 방	暖房(난방)	新房(신방)	廚房(주방)
		防共(방공)	防犯(방범)	防備(방비)
投	던질 투	防役(방역)	防音(방음)	防止(방지)
		投球(투구)	投機(투기)	投宿(투숙)
孤	외로울 고	投身(투신)	投入(투입)	投資(투자)
		孤軍(고군)	孤獨(고독)	孤立(고립)
亂	어지러울 란	孤兒(고아)	孤寂(고적)	孤島(고도)
		亂局(난국)	亂動(난동)	亂離(난리)
離	떠날 리	亂脈(난맥)	亂舞(난무)	亂世(난세)
		離陸(이륙)	離別(이별)	離散(이산)
逸	숨을 일	離籍(이적)	離職(이직)	離脫(이탈)
		逸品(일품)	逸話(일화)	獨逸(독일)
杰	호걸 걸	安逸(안일)		
		※傑의 속자로 성명자에 많이 쓰임.		
衙	마을 아	官衙(관아)		
磨	갈 마	磨滅(마멸)	磨耗(마모)	
		硏磨(연마)	鍊磨(연마)	

110 배신감이라 생각 들더라.

사오정의 한자학습방법

배	신	감	이	라	생	각	들	더	라
배	신	감	이	라	생	각	등	도	라
背	信	感	以	羅	生	角	騰	陶	羅

풀이

❖ 背信感(배신감) : 신의를 저버림을 당한 느낌.

背	등배
信	믿을신
感	느낄감
以	써이
羅	그물라
生	날생
角	뿔각
騰	오를등
陶	질그릇도
羅	비단라

背景(배경)　背反(배반)　背叛(배반)
背書(배서)　背水(배수)　背信(배신)
發信(발신)　背信(배신)　所信(소신)
送信(송신)　受信(수신)　電信(전신)
感覺(감각)　感激(감격)　感動(감동)
感謝(감사)　感性(감성)　感情(감정)
以南(이남)　以內(이내)　以北(이북)
以上(이상)　以外(이외)　以前(이전)
羅紗(나사)　羅星(나성)
羅漢(나한)
生物(생물)　生父(생부)　生死(생사)
生産(생산)　生鮮(생선)　生成(생성)
角度(각도)　角木(각목)　角質(각질)
角逐(각축)　多角(다각)　頭角(두각)
騰落(등락)　反騰(반등)
沸騰(비등)　仰騰(앙등)
陶工(도공)　陶器(도기)
陶藝(도예)　陶醉(도취)
網羅(망라)　新羅(신라)
耽羅(탐라)

111 백 번 깨어나도 나는 못해.

사오정의 한자학습방법

백	번	깨	어	나	도	나	는	못	해
백	번	개	어	나	도	나	능	모	해
百	番	概	漁	奈	途	那	能	模	海

풀이

❖ 百番(백번) : 횟수로 백번째.

百	일백 **백**
番	차례 **번**
概	대개 **개**
漁	고기잡을 **어**
奈	어찌 **내**
途	길 **도**
那	어찌 **나**
能	능할 **능**
模	법 **모**
海	바다 **해**

百勝(백승)　　百害(백해)　　百聞(백문)
百分(백분)　　百姓(백성)　　百獸(백수)
番地(번지)　　番號(번호)　　缺番(결번)
軍番(군번)　　當番(당번)　　非番(비번)
概括(개괄)　　概念(개념)　　概論(개론)
概要(개요)　　大概(대개)　　節概(절개)
漁場(어장)　　漁港(어항)　　漁況(어황)
漁獲(어획)　　出漁(출어)　　豊漁(풍어)
奈何(내하)
可奈(가내)
途上(도상)　　方途(방도)　　別途(별도)
用途(용도)　　壯途(장도)　　中途(중도)
那邊(나변)　　支那(지나)
刹那(찰나)
性能(성능)　　藝能(예능)
才能(재능)　　全能(전능)
模倣(모방)　　模範(모범)
模造(모조)　　模型(모형)
海溢(해일)　　海底(해저)
海草(해초)　　海風(해풍)

112 뻔뻔하게시리 왜 그러니?

사오정의 한자학습방법

뻔	뻔	하	게	시	리	왜	그	러	니
번	번	하	개	시	리	왜	구	려	니
繁	番	何	個	詩	梨	歪	驅	旅	泥

고사성어

❖ 三顧草廬(삼고초려) : 인재를 맞이하기 위하여 자기몸을 굽히고 참을성 있게 마음을 씀을 비유하는 말.

繁盛(번성)	繁殖(번식)	繁榮(번영)
繁昌(번창)	繁華(번화)	頻繁(빈번)
番地(번지)	番號(번호)	缺番(결번)
軍番(군번)	當番(당번)	順番(순번)
何等(하등)	何必(하필)	誰何(수하)
如何(여하)	幾何(기하)	抑何(억하)
個當(개당)	個性(개성)	個數(개수)
個人(개인)	別個(별개)	各個(각개)
詩句(시구)	詩心(시심)	詩人(시인)
詩的(시적)	詩集(시집)	詩評(시평)
梨落(이락)	梨柿(이시)	梨花(이화)
歪曲(왜곡)		
驅步(구보)	驅使(구사)	
驅逐(구축)		
旅館(여관)	旅券(여권)	
旅愁(여수)	旅程(여정)	
泥丘(이구)	泥田(이전)	
泥中(이중)	泥土(이토)	

繁 성할 번
番 차례 번
何 어찌 하
個 낱 개
詩 시 시
梨 배 리
歪 비뚤 왜
驅 몰 구
旅 나그네 여
泥 진흙 니

벌벌하면서 내숭이라니.

사오정의 한자학습방법

벌	벌	하	면	서	내	숭	이	라	니
벌	벌	하	면	서	내	숭	이	라	니
伐	罰	河	眠	誓	内	崇	已	羅	泥

고사성어

❖ 生面不知(생면부지) : 한번도 본일이 없는 사람. 전혀 알지 못한 사람.

伐	벨 벌	伐木(벌목)	伐採(벌채)	伐草(벌초)
		盜伐(도벌)	殺伐(살벌)	征伐(정벌)
罰	벌줄 벌	罰金(벌금)	罰點(벌점)	罰則(벌칙)
		賞罰(상벌)	嚴罰(엄벌)	處罰(처벌)
河	물 하	氷河(빙하)	山河(산하)	運河(운하)
		銀河(은하)	河淸(하청)	
眠	잠잘 면	冬眠(동면)	睡眠(수면)	熟眠(숙면)
		不眠(불면)	催眠(최면)	休眠(휴면)
誓	맹세할 서	誓約(서약)	盟誓(맹서)	
		宣誓(선서)		
内	안 내	内閣(내각)	内科(내과)	内勤(내근)
		内陸(내륙)	内幕(내막)	内面(내면)
崇	높을 숭	崇高(숭고)	崇拜(숭배)	崇尙(숭상)
已	이미 이	已往(이왕)		
		已往之事(이왕지사)		
羅	그물 라	羅紗(나사)	羅城(나성)	
		網羅(망라)	新羅(신라)	
泥	진흙 니	泥丘(이구)	泥田(이전)	
		泥中(이중)	泥土(이토)	

114 범인은 바로 그 놈 일거야.

사오정의 한자학습방법

범	인	은	바	로	그	놈	일	거	야
범	인	은	발	로	구	농	일	거	야
犯	人	隱	髮	勞	鷗	農	一	拒	也

풀이

❖ 犯人(범인) : 죄를 저지른 사람. 범죄인. 범죄자.

犯	범할 범
人	사람 인
隱	숨을 은
髮	터럭 발
勞	힘쓸 로
鷗	갈매기 구
農	농사 농
一	한 일
拒	막을 거
也	어조사 야

犯罪(범죄)　犯行(범행)　共犯(공범)
累犯(누범)　防犯(방범)　主犯(주범)
人家(인가)　人格(인격)　人權(인권)
人德(인덕)　人道(인도)　人物(인물)
隱喩(은유)　隱退(은퇴)　惻隱(측은)
隱然(은연)　隱忍(은인)
髮毛(발모)　假髮(가발)　金髮(금발)
頭髮(두발)　理髮(이발)　白髮(백발)
勞苦(노고)　勞困(노곤)　勞力(노력)
勞務(노무)　勞使(노사)　勞組(노조)
白鷗(백구)
海鷗(해구)
農家(농가)　農民(농민)　農夫(농부)
農事(농사)　農業(농업)　農村(농촌)
一括(일괄)　一國(일국)
一念(일념)　一旦(일단)
拒納(거납)　拒逆(거역)
抗拒(항거)　拒否(거부)
獨也(독야)　是也(시야)

115 **법적으로 호소 할까보다.**

사오정의 한자학습방법

법	적	으	로	호	소	할	까	보	다
법	적	의	로	호	소	할	가	보	다
法	的	矣	爐	呼	訴	割	佳	堡	多

풀이

❖ 法的(법적) : 법률에 따라 판단하거나 처리하는 것.

❖ 呼訴(호소) : 억울하거나 원통한 사정을 남에게 하소연함.

法 법 법	法官(법관)　　法規(법규)　　法令(법령) 法律(법률)　　法案(법안)　　法院(법원)
的 과녁 적	目的(목적)　　物的(물적)　　病的(병적) 史的(사적)　　私的(사적)　　心的(심적)
矣 어조사 의	萬事休矣(만사휴의) 汝矣島(여의도)
爐 화로 로	煖爐(난로)　　香爐(향로) 火爐(화로)
呼 부를 호	呼客(호객)　　呼名(호명)　　呼應(호응) 呼出(호출)　　呼稱(호칭)　　呼吸(호흡)
訴 소송할 소	訴訟(소송)　　訴願(소원)　　訴請(소청) 告訴(고소)　　公訴(공소)　　勝訴(승소)
割 나눌 할	割當(할당)　　割賦(할부)　　割引(할인) 分割(분할)　　役割(역할)
佳 아름다울 가	佳景(가경)　　佳人(가인) 佳節(가절)　　佳約(가약)
堡 작은성보	堡壘(보루) 橋頭堡(교두보)
多 많을 다	多角(다각)　　多感(다감) 多量(다량)　　多忙(다망)

116 벽창호였어, 이제껏 나는.

사오정의 한자학습방법

벽	창	호	였	어	이	제	껏	나	는
벽	창	호	역	서	이	제	거	나	능
碧	昌	戸	逆	逝	耳	第	距	那	能

풀이

❖ 碧昌戸(벽창호) : 미련하고 고집이 센 사람을 비유한 말.

碧 푸를 벽	碧眼(벽안)　　碧海(벽해) 碧梧桐(벽오동)	
昌 창성할 창	昌盛(창성)　　昌原(창원) 繁昌(번창)	
戸 집 호	戸口(호구)　　戸當(호당)　　戸別(호별) 戸數(호수)　　戸籍(호적)　　戸主(호주)	
逆 거스릴 역	逆境(역경)　　逆流(역류)　　逆算(역산) 逆說(역설)　　逆順(역순)　　逆理(역리)	
逝 갈 서	逝去(서거) 急逝(급서)	
耳 귀 이	耳目(이목)　　耳順(이순)　　耳炎(이염) 馬耳(마이)　　逆耳(역이)　　牛耳(우이)	
第 차례 제	第次(제차)　　及第(급제)　　落第(낙제) 第三(제삼)　　第二(제이)　　第一(제일)	
距 떨어질 거	距離(거리) 距離感(거리감)	
那 어찌 나	那邊(나변)　　支那(지나) 刹那(찰나)	
能 능할 능	能動(능동)　　能力(능력) 能熟(능숙)　　能通(능통)	

117 변명하지마. 나는 다 알아.

사오정의 한자학습방법

변	명	하	지	마	나	는	다	알	아
변	명	하	지	마	나	능	다	알	아
辯	明	荷	旨	馬	那	能	多	謁	兒

풀이

❖ 辯明(변명) : 자신의 언행 따위에 대하여 남이 납득할 수 있도록 설명함.

辯	분별할변
明	밝을명
荷	멜하
旨	뜻지
馬	말마
那	어찌나
能	능할능
多	많을다
謁	뵐알
兒	아이아

辯明(변명)　　辯償(변상)　　辯濟(변제)
辯證(변증)　　不辯(불변)
明示(명시)　　明暗(명암)　　明快(명쾌)
明確(명확)　　發明(발명)　　表明(표명)
荷物(하물)　　荷役(하역)　　荷重(하중)
入荷(입하)　　出荷(출하)
敎旨(교지)　　論旨(논지)　　要旨(요지)
遺旨(유지)　　主旨(주지)　　趣旨(취지)
名馬(명마)　　木馬(목마)　　白馬(백마)
乘馬(승마)　　出馬(출마)　　行馬(행마)
那邊(나변)　　支那(지나)
刹那(찰나)
可能(가능)　　機能(기능)　　萬能(만능)
無能(무능)　　本能(본능)　　不能(불능)
多變(다변)　　多福(다복)
多少(다소)　　多樣(다양)
謁見(알현)
拜謁(배알)
女兒(여아)　　園兒(원아)
育兒(육아)　　胎兒(태아)

118 별거 아니야, 내버려두어.

사오정의 한자학습방법

별	거	아	니	야	내	버	려	두	어
별	거	아	니	야	내	부	려	두	어
別	拒	我	泥	夜	乃	父	黎	豆	於

고사성어

❖ 雪上加霜(설상가상) : 눈 위에 서리란 말로, 불행한 일이
거듭하여 생김을 가리킴.

別	다를별	別個(별개)	別居(별거)	別故(별고)
		別館(별관)	別途(별도)	別世(별세)
拒	막을거	拒逆(거역)	拒否(거부)	拒絶(거절)
		抗拒(항거)		
我	나아	我國(아국)	我軍(아군)	我執(아집)
		自我(자아)	無我(무아)	
泥	진흙니	泥丘(이구)	泥田(이전)	泥中(이중)
		泥土(이토)		
夜	밤야	夜行(야행)	夜話(야화)	晝夜(주야)
		徹夜(철야)	初夜(초야)	秋夜(추야)
乃	이에내	乃至(내지)	乃終(내종)	
		人乃天(인내천)		
父	아비부	父女(부녀)	父母(부모)	父子(부자)
		父情(부정)	父親(부친)	父兄(부형)
黎	검을려	黎明(여명)		
		黎明期(여명기)		
豆	콩두	豆腐(두부)	豆乳(두유)	
		大豆(대두)	綠豆(녹두)	
於	어조사어	於焉間(어언간)		
		於中間(어중간)		

119 **병신같이 왜 그러니, 너는?**

사오정의 한자학습방법

병	신	같	이	왜	그	러	니	너	는
병	신	가	치	왜	구	려	니	니	는
病	身	街	熾	倭	苟	勵	泥	泥	能

풀이

❖ 病身(병신): ① 육체적·정신적·지능적으로 모자라는 사람. ② 남을 얕잡아 말하는 욕.

病	병들 병	病床(병상)	病席(병석)	病室(병실)
身	몸 신	病院(병원)	病的(병적)	病患(병환)
		獨身(독신)	亡身(망신)	變身(변신)
		病身(병신)	屍身(시신)	肉身(육신)
街	거리 가	街道(가도)	街頭(가두)	街路(가로)
		街販(가판)	商街(상가)	市街(시가)
熾	불타오를 치	熾烈(치열)		
		熾熱(치열)		
倭	왜국 왜	倭國(왜국)	倭亂(왜란)	倭兵(왜병)
		倭將(왜장)	倭敵(왜적)	倭政(왜정)
苟	구차할 구	苟安(구안)		
		苟且(구차)		
勵	힘쓸 려	激勵(격려)	督勵(독려)	
		獎勵(장려)		
泥	진흙 니	泥丘(이구)	泥田(이전)	
		泥中(이중)	泥土(이토)	
泥	진흙 니	泥丘(이구)	泥田(이전)	
		泥中(이중)	泥土(이토)	
能	능할 능	性能(성능)	藝能(예능)	
		才能(재능)	全能(전능)	

120 보지마, 촌스럽게 왜 그래?

사오정의 한자학습방법

보	지	마	촌	스	럽	게	왜	그	래
보	지	마	촌	슬	업	개	외	구	래
補	祉	麻	寸	瑟	業	蓋	畏	狗	來

고사성어

❖ 袖手傍觀(수수방관) : 직접 손을 내밀어 간섭하지 아니하고 그대로 버려둠을 일컫는 말.

補	도울 보	輔導(보도)		
		輔弼(보필)		
祉	복 지	福祉(복지)		
		福祉施設		
麻	삼 마	麻衣(마의)	麻雀(마작)	
		大麻(대마)		
寸	마디 촌	寸刻(촌각)	寸陰(촌음)	寸志(촌지)
		寸評(촌평)	三寸(삼촌)	四寸(사촌)
瑟	거문고 슬	琴瑟(금슬)		
業	업 업	就業(취업)	罷業(파업)	學業(학업)
		休業(휴업)	操業(조업)	興業(흥업)
蓋	덮을 개	蓋世(개세)	蓋然(개연)	口蓋(구개)
		頭蓋(두개)	覆蓋(복개)	
畏	두려울 외	敬畏(경외)		
		畏懼(외구)		
狗	개 구	狗肉(구육)	走狗(주구)	
		黃狗(황구)	海狗(해구)	
來	올 래	將來(장래)	在來(재래)	
		從來(종래)	招來(초래)	

121 복수할거야, 그 자식에게.

사오정의 한자학습방법

복	수	할	거	야	그	자	식	에	게
복	수	할	거	야	구	자	식	애	개
復	讐	轄	據	野	丘	子	息	隘	介

풀이

❖ 復讐(복수): 원수를 갚는 일. 앙갚음.

❖ 子息(자식): ①아들과 딸. ②남자를 욕하여 이르는 말.

復 돌아올복	復古(복고)	復校(복교)	復舊(복구)
	復權(복권)	復歸(복귀)	復讐(복수)
讐 원수수	復讐(복수)		
	復讐心(복수심)		
轄 다스릴할	管轄(관할)	直轄(직할)	
	統轄(통할)		
據 의거할거	據點(거점)	根據(근거)	論據(논거)
	雄據(웅거)	依據(의거)	占據(점거)
野 들야	野俗(야속)	野營(야영)	野外(야외)
	野慾(야욕)	野菜(야채)	野合(야합)
丘 언덕구	丘陵(구릉)	首丘(수구)	靑丘(청구)
	砂丘(사구)		
子 아들자	子孫(자손)	子正(자정)	子弟(자제)
	利子(이자)	分子(분자)	王子(왕자)
息 쉴식	棲息(서식)	女息(여식)	
	子息(자식)	歎息(탄식)	
隘 좁을애	隘路(애로)		
	隘路事項(애로사항)		
介 끼일개	介意(개의)	介入(개입)	
	媒介(매개)	紹介(소개)	

122 본다고 어디가 달라지니?

사오정의 한자학습방법

본	다	고	어	디	가	달	라	지	니
본	다	고	어	대	가	달	라	지	니
本	茶	庫	語	待	可	達	羅	摯	泥

고사성어

❖ 信賞必罰(신상필벌): 공이 있는 사람에게는 필히 상을 주고,
죄가 있는 사람에게는 반드시 벌을 줌.

本來(본래)	本論(본론)	本名(본명)
本文(본문)	本俸(본봉)	本部(본부)
茶菓(다과)	茶道(다도)	茶禮(다례)
茶房(다방)	茶室(다실)	
國庫(국고)	金庫(금고)	寶庫(보고)
入庫(입고)	在庫(재고)	倉庫(창고)
熟語(숙어)	言語(언어)	英語(영어)
用語(용어)	主語(주어)	標語(표어)
待遇(대우)	賤待(천대)	虐待(학대)
歡待(환대)	厚待(후대)	薄待(박대)
可決(가결)	可能(가능)	可動(가동)
可望(가망)	可否(가부)	認可(인가)
達辯(달변)	達成(달성)	到達(도달)
未達(미달)	發達(발달)	
羅紗(나사)	羅城(나성)	
網羅(망라)	新羅(신라)	
眞摯(진지)		
泥丘(이구)	泥田(이전)	
泥中(이중)	泥土(이토)	

本 근본 본
茶 차 다
庫 곳집 고
語 말씀 어
待 기다릴 대
可 옳을 가
達 통달할 달
羅 그물 라
摯 지극할 지
泥 진흙 니

123 봉변 당할 뻔 했어. 그 때에.

사오정의 한자학습방법

봉	변	당	할	뻔	했	어	그	때	에
봉	변	당	할	번	행	서	구	태	애
逢	變	當	割	煩	幸	緒	懼	怠	愛

풀이

❖ 逢變(봉변) : ① 남에게 욕을 당함. ② 뜻밖에 화를 입음.

逢	만날 봉	逢着(봉착)		
		相逢(상봉)		
變	변할 변	變更(변경)	變動(변동)	變貌(변모)
		變色(변색)	變身(변신)	變心(변심)
當	마땅할 당	當局(당국)	當代(당대)	當到(당도)
		當落(당락)	當面(당면)	當番(당번)
割	나눌 할	割當(할당)	割愛(할애)	割引(할인)
		割增(할증)	分割(분할)	役割(역할)
煩	번거러울 번	煩惱(번뇌)	煩悶(번민)	煩雜(번잡)
		頻煩(빈번)		
幸	다행 행	幸福(행복)	幸運(행운)	多幸(다행)
		不幸(불행)	天幸(천행)	
緒	실마리 서	緒論(서론)	緒戰(서전)	端緒(단서)
		頭緒(두서)	由緒(유서)	情緒(정서)
懼	두려울 구	悚懼(송구)	疑懼(의구)	
		畏懼(외구)		
怠	게으를 태	怠慢(태만)	怠業(태업)	
		懶怠(나태)	過怠(과태)	
愛	사랑 애	愛國(애국)	愛慕(애모)	
		愛社(애사)	愛酒(애주)	

124 부탁 좀 하자, 이제 그만해.

사오정의 한자학습방법

부	탁	좀	하	자	이	제	그	만	해
부	탁	종	하	자	이	제	구	만	해
付	託	終	下	磁	而	祭	構	蠻	解

풀이

❖ 付託(부탁) : 어떤 일을 하여 달라고 당부하여 맡김.

付	줄 부	結付(결부)	交付(교부)	納付(납부)
託	부탁할 탁	當付(당부)	發付(발부)	配付(배부)
		結託(결탁)	寄託(기탁)	信託(신탁)
		請託(청탁)	依託(의탁)	預託(예탁)
終	마칠 종	終講(종강)	終決(종결)	終禮(종례)
		終了(종료)	終熄(종식)	終身(종신)
下	아래 하	下降(하강)	下級(하급)	下記(하기)
		下段(하단)	下達(하달)	下落(하락)
磁	자석 자	磁器(자기)	磁力(자력)	磁石(자석)
		磁性(자성)		
而	말이을 이	學而(학이)	形而(형이)	
		似而非(사이비)		
祭	제사 제	祭壇(제단)	祭物(제물)	祭祀(제사)
		祭需(제수)	祭典(제전)	祝祭(축제)
構	얽을 구	構內(구내)	構圖(구도)	
		構成(구성)	構造(구조)	
蠻	오랑캐 만	蠻勇(만용)		
		蠻行(만행)		
解	풀 해	解剖(해부)	解散(해산)	
		解說(해설)	解約(해약)	

125 분명히 말해. 그 건 아니야.

사오정의 한자학습방법

분	명	히	말	해	그	건	아	니	야
분	명	희	말	해	구	건	아	니	야
分	明	戱	末	該	球	巾	牙	泥	耶

풀이

❖ 分明(분명) : ① 흐리지 않고 또렷함. ② 흐릿한 점이 없이 확실함.

分	나눌분
明	밝을명
戱	희롱할희
末	끝말
該	해당할해
球	공구
巾	수건건
牙	어금니아
泥	진흙니
耶	어조사야

分離(분리)　　分娩(분만)　　分配(분배)
分散(분산)　　分析(분석)　　分野(분야)
明示(명시)　　明暗(명암)　　明快(명쾌)
明確(명확)　　發明(발명)　　表明(표명)
戱曲(희곡)　　戱劇(희극)　　戱弄(희롱)
遊戱(유희)
末期(말기)　　末年(말년)　　末端(말단)
末尾(말미)　　末世(말세)　　末葉(말엽)
該當(해당)
該博(해박)
球技(구기)　　球團(구단)　　球場(구장)
籠球(농구)　　排球(배구)　　蹴球(축구)
頭巾(두건)
手巾(수건)
牙城(아성)　　齒牙(치아)
象牙(상아)
泥丘(이구)　　泥田(이전)
泥中(니중)　　泥土(이토)
無耶(무야)　　有耶(유야)

126 불쌍한 자식, 정신차려, 응?

사오정의 한자학습방법

불	쌍	한	자	식	정	신	차	려	응
불	쌍	한	자	식	정	신	차	려	응
弗	雙	汗	子	息	精	神	此	旅	應

풀이

❖ 子息(자식) : ①아들과 딸. ②남자를 욕하여 이르는 말.

❖ 精神(정신) : 사고나 감정의 작용을 다스리는 인간의 마음.

弗	불소불	弗素(불소)	弗貨(불화)	
		千萬弗(천만불)		
雙	둘쌍	雙童(쌍동)	雙方(쌍방)	雙壁(쌍벽)
		雙手(쌍수)	雙胎(쌍태)	無雙(무쌍)
汗	땀한	汗蒸(한증)	發汗(발한)	
		不汗黨(불한당)		
子	아들자	長子(장자)	精子(정자)	因子(인자)
		親子(친자)	卓子(탁자)	孝子(효자)
息	쉴식	棲息(서식)	女息(여식)	利息(이식)
		子息(자식)	嘆息(탄식)	休息(휴식)
精	정할정	精銳(정예)	精油(정유)	精進(정진)
		精通(정통)	受精(수정)	鑑精(감정)
神	귀신신	神父(신부)	神秘(신비)	神話(신화)
		神通(신통)	鬼神(귀신)	雜神(잡신)
此	이차	此日(차일)	此際(차제)	
		如此(여차)	於此(어차)	
旅	거레족	旅館(여관)	旅券(여권)	
		旅愁(여수)	旅程(여정)	
應	응할응	應諾(응낙)	應答(응답)	
		應試(응시)	應用(응용)	

127 비벼대고 뽀뽀 하더라고.

사오정의 한자학습방법 🐣

비	벼	대	고	뽀	뽀	하	더	라	고
비	비	대	고	포	포	하	도	라	고
比	飛	帶	鼓	布	包	夏	稻	羅	稿

고사성어

❖ 深思熟考(심사숙고) : 깊이 생각하고 거듭 생각함을 말함. 곧 신중을 기하여 곰곰히 생각함.

比 견줄비	比較(비교) 比等(비등) 比例(비례)
飛 날비	比率(비율) 比喩(비유) 比重(비중)
帶 띠대	飛上(비상) 飛躍(비약) 飛行(비행)
鼓 북고	飛虎(비호) 雄飛(웅비) 魂飛(혼비)
布 베포	腰帶(요대) 紐帶(유대) 一帶(일대)
包 쌀포	地帶(지대) 寒帶(한대) 革帶(혁대)
夏 여름하	鼓動(고동) 鼓膜(고막) 鼓舞(고무)
稻 벼도	鼓笛(고적) 鼓吹(고취)
羅 그물라	布告(포고) 公布(공포) 配布(배포)
稿 볏짚고	分布(분포) 撒布(살포) 宣布(선포)

包括(포괄) 包容(포용) 包圍(포위)
包裝(포장) 包含(포함) 內包(내포)
夏季(하계) 夏期(하기) 夏服(하복)
夏節(하절) 夏至(하지) 盛夏(성하)
稻熱(도열) 稻作(도작)
立稻(입도)
羅紗(나사) 羅城(나성)
網羅(망라) 新羅(신라)
稿料(고료) 寄稿(기고)
草稿(초고) 脫稿(탈고)

128 빈자리를 찾자. 포용했어.

사오정의 한자학습방법

빈	자	리	를	찾	자	포	옹	했	어
빈	자	리	률	착	자	포	옹	행	서
頻	瓷	梨	栗	着	藉	抱	擁	行	嶼

풀이

❖ 抱擁(포옹) : 품에 껴안음.

頻	자주 빈	頻度(빈도)　　頻發(빈발)
		頻繁(빈번)
瓷	사기그릇자	瓷器(자기)　　白瓷(백자)
		青瓷(청자)
梨	배 리	梨落(이락)　　梨柿(이시)
		梨花(이화)
栗	밤 률	栗谷(율곡)　　栗木(율목)
		生栗(생률)
着	붙을 착	着工(착공)　着陸(착륙)　着想(착상)
		着色(착색)　着手(착수)　着眼(착안)
藉	빙자할자	狼藉(낭자)　　憑藉(빙자)
		慰藉料(위자료)
抱	안을 포	抱卵(포란)　抱負(포부)　抱擁(포옹)
		抱主(포주)　　懷抱(회포)
擁	안을 옹	擁立(옹립)　　擁衛(옹위)
		擁護(옹호)　　擁壁(옹벽)
行	다닐 행	行脚(행각)　　行蹟(행적)
		行進(행진)　　敢行(감행)
嶼	섬 서	島嶼(도서)
		島嶼地方(도서지방)

129 **빙산의 일각이야, 그것은.**

사오정의 한자학습방법

빙	산	의	일	각	이	야	그	것	은
빙	산	의	일	각	이	야	구	건	은
氷	山	醫	一	角	異	冶	拘	虔	殷

풀이

❖ 氷山(빙산) : 남극이나 북극의 바다에 떠 있는 거대한 어름덩이.

❖ 一角(일각) : 한 귀퉁이. 한 모서리. 한 부분.

氷	어름 빙
山	뫼 산
醫	의원 의
一	한 일
角	뿔 각
異	다를 이
冶	쇠불릴 야
拘	잡을 구
虔	정선 건
殷	은나라 은

氷菓(빙과)　　氷壁(빙벽)　　氷上(빙상)
氷水(빙수)　　氷原(빙원)　　氷板(빙판)
山村(산촌)　　山河(산하)　　山行(산행)
江山(강산)　　登山(등산)　　先山(선산)
醫療(의료)　　醫師(의사)　　醫術(의술)
醫院(의원)　　醫藥(의약)　　醫學(의학)
一同(일동)　　一列(일렬)　　一例(일례)
一流(일류)　　一抹(일말)　　一名(일명)
角度(각도)　　角木(각목)　　角質(각질)
三角(삼각)　　四角(사각)　　八角(팔각)
異見(이견)　　異國(이국)　　異例(이례)
異物(이물)　　異狀(이상)　　異性(이성)
冶金(야금)
陶冶(도야)
拘禁(구금)　　拘留(구류)
拘束(구속)　　拘引(구인)
敬虔(경건)
虔誠(건성)
殷國(은국)　　殷盛(은성)

130 사실 말하자면, 그랬어. 난.

사오정의 한자학습방법

사	실	말	하	자	면	그	랬	어	난
사	실	말	하	자	면	구	랭	서	난
事	實	末	賀	姿	面	邱	冷	瑞	難

풀이

❖ 事實(사실) : 실제로 있거나 실제로 있었던 일.

事	일 사	事件(사건)	事例(사례)	事故(사고)
		事物(사물)	事實(사실)	事案(사안)
實	열매 실	實感(실감)	實權(실권)	實技(실기)
		實力(실력)	實例(실례)	實利(실리)
末	끝 말	末日(말일)	結末(결말)	粉末(분말)
		始末(시말)	月末(월말)	週末(주말)
賀	하례 하	賀客(하객)	賀禮(하례)	慶賀(경하)
		謹賀(근하)	祝賀(축하)	致賀(치하)
姿	맵시 자	姿色(자색)	姿勢(자세)	
		姿態(자태)		
面	낯 면	面談(면담)	面貌(면모)	面目(면목)
		面駁(면박)	面長(면장)	面積(면적)
邱	언덕 구	大邱(대구)		
		首邱(수구)		
冷	찰 랭	冷却(냉각)	冷氣(냉기)	
		冷淡(냉담)	冷待(냉대)	
瑞	상스러울 서	瑞光(서광)	瑞氣(서기)	
		祥瑞(상서)		
難	어려울 난	難堪(난감)	難關(난관)	
		難局(난국)	難民(난민)	

131 **삭막한 이 세상 죽고 싶어.**

사오정의 한자학습방법

삭	막	한	이	세	상	죽	고	싶	어
삭	막	한	이	세	상	죽	고	십	어
索	莫	閑	移	世	上	竹	顧	十	魚

풀이

❖ 索莫(삭막) : 황폐하여 쓸쓸함.

❖ 世上(세상) : 사회. 바깥 사회.

索	동아줄삭	索道(삭도)		
莫	없을막	索莫(삭막)		
		莫及(막급)	莫大(막대)	莫論(막론)
		莫上(막상)	莫重(막중)	寂寞(적막)
閑	한가할한	閑暇(한가)	閑散(한산)	閑寂(한적)
		閑職(한직)	農閑(농한)	等閑(등한)
移	옮길이	移越(이월)	移任(이임)	移葬(이장)
		移籍(이적)	移轉(이전)	移住(이주)
世	인간세	世界(세계)	世紀(세기)	世帶(세대)
		世人(세인)	世態(세태)	世波(세파)
上	윗상	上流(상류)	上陸(상륙)	上部(상부)
		上司(상사)	上席(상석)	上訴(상소)
竹	대죽	竹刀(죽도)	竹筍(죽순)	竹林(죽림)
		竹槍(죽창)	松竹(송죽)	長竹(장죽)
顧	돌아볼고	顧客(고객)	顧問(고문)	
		回顧(회고)		
十	열십	十戒(십계)	十代(십대)	
		十里(십리)	十分(십분)	
魚	물고기어	青魚(청어)	稚魚(치어)	
		洪魚(홍어)	活魚(활어)	

132 산산히 부서질 이름이여!

사오정의 한자학습방법

산	산	히	부	서	질	이	름	이	여
산	산	희	부	서	질	이	름	이	여
散	散	噫	浮	西	疾	夷	凜	伊	予

풀이

❖ 散散(산산) : 여지없이 흩어지거나 깨어지거나 하는 모양.

散 흩어질산	散亂(산란)　散漫(산만) 散文(산문)	
散 흩어질산	散步(산보)　散在(산재) 散策(산책)	
噫 탁식할희	噫嗚(희오) 噫欠(희흠)	
浮 뜰부	浮刻(부각)　浮流(부류)　浮力(부력) 浮上(부상)　浮遊(부유)　浮標(부표)	
西 서녁서	西歐(서구)　西紀(서기)　西獨(서독) 西曆(서력)　西海(서해)　北西(북서)	
疾 병질	疾病(질병)　疾視(질시)　疾走(질주) 疾風(질풍)　疾患(질환)　痼疾(고질)	
夷 오랑캐이	東夷(동이) 東夷族(동이족)	
凜 찰름	凜烈(늠렬)　凜凜(늠름) 凜然(늠연)　凜秋(늠추)	
伊 저이	伊太利(이태리) 黃眞伊(황진이)	
予 나여	予奪(여탈)　予取(여취) 予求(여구)	

133 살살 좀 해라. 아파 죽겠어.

사오정의 한자학습방법

살	살	좀	해	라	아	파	죽	겠	어
살	살	종	해	라	아	파	죽	개	서
殺	薩	從	偕	羅	芽	派	竹	凱	序

고사성어

❖ 十匙一飯(십시일반) : 열 사람이 한 술씩 보태면 한 사람 분의 분량이 된다는 뜻.

殺 죽일 살	殺菌(살균)　　殺伐(살벌)　　殺傷(살상) 殺意(살의)　　殺人(살인)　　殺害(살해)	
薩 보살 살	菩薩(보살)	
從 좇을 종	服從(복종)　　相從(상종)　　順從(순종) 侍從(시종)　　主從(주종)　　追從(추종)	
偕 함께할 해	偕老(해로) 百年偕老(백년해로)	
羅 그물 라	羅紗(나사)　　羅城(나성)　　羅漢(나한) 網羅(망라)　　新羅(신라)	
芽 싹 아	芽接(아접) 發芽(발아)	
派 물갈래 파	派遣(파견)　　派閥(파벌)　　派兵(파병) 派生(파생)　　教派(교파)　　急派(급파)	
竹 대 죽	竹間(죽간)　　竹刀(죽도) 竹林(죽림)　　竹槍(죽창)	
凱 개선할 개	凱歌(개가) 凱旋(개선)	
序 차례 서	序曲(서곡)　　序頭(서두) 序列(서열)　　序論(서론)	

134 삼삼한 여자만 보면 너는.

사오정의 한자학습방법

삼	삼	한	여	자	만	보	면	너	는
삼	삼	한	여	자	만	보	면	니	능
三	森	寒	女	子	萬	步	眠	泥	能

풀이

❖ 女子(여자) : 여성인 사람. 여성다운 계집.

三角(삼각)	三國(삼국)	三流(삼류)
三省(삼성)	三養(삼양)	三振(삼진)
森嚴(삼엄)	森林(삼림)	
森羅(삼라)		
寒氣(한기)	寒帶(한대)	寒流(한류)
寒波(한파)	寒害(한해)	寒雪(한설)
女警(여경)	女流(여류)	女僧(여승)
女兒(여아)	女人(여인)	女體(여체)
子孫(자손)	子息(자식)	子正(자정)
子弟(자제)	利子(이자)	長子(장자)
萬民(만민)	萬邦(만방)	萬福(만복)
萬世(만세)	萬人(만인)	萬全(만전)
踏步(답보)	散步(산보)	讓步(양보)
一步(일보)	町步(정보)	初步(초보)
冬眠(동면)	睡眠(수면)	
熟眠(숙면)	不眠(불면)	
泥丘(이구)	泥田(이전)	
泥中(이중)	泥土(이토)	
能動(능동)	能力(능력)	
能率(능률)	能熟(능숙)	

三 석 삼
森 빽빽할삼
寒 찰 한
女 계집 녀
子 아들 자
萬 일만 만
步 걸음 보
眠 잘 면
泥 진흙 니
能 능할 능

 135

삽살개처럼 아부하더라.

사오정의 한자학습방법

삽	살	개	처	럼	아	부	하	더	라
삽	살	개	처	렴	아	부	하	두	라
插	殺	漑	妻	斂	阿	附	何	頭	羅

풀이

❖ 阿附(아부) : 남의 환심을 사기 위하여 알랑거리는 모양.

插	꽂을삽	插木(삽목)	插入(삽입)	插畵(삽화)
		插話(삽화)		
殺	죽일살	殺菌(살균)	殺伐(살벌)	殺傷(살상)
		殺意(살의)	殺人(살인)	殺害(살해)
漑	물댈개	灌漑(관개)		
		灌漑施設(관개시설)		
妻	아내처	妻家(처가)	妻子(처자)	妻兄(처형)
		恐妻(공처)	喪妻(상처)	愛妻(애처)
斂	거둘렴	斂出(염출)	苛斂(가렴)	
		後斂(후렴)		
阿	아첨할아	阿膠(아교)	阿附(아부)	阿洲(아주)
		阿諂(아첨)	阿片(아편)	
附	붙을부	結付(결부)	交付(교부)	納付(납부)
		貸付(대부)	發付(발부)	配付(배부)
何	어찌하	何等(하등)	何必(하필)	
		誰何(수하)	如何(여하)	
頭	머리두	頭緒(두서)	頭痛(두통)	
		念頭(염두)	序頭(서두)	
羅	그물라	羅紗(나사)	羅城(나성)	
		羅漢(나한)	網羅(망라)	

136 상상도 하기 싫어. 그 때 일.

사오정의 한자학습방법

상	상	도	하	기	싫	어	그	때	일
상	상	도	하	기	실	어	구	태	일
想	像	導	河	基	室	漁	溝	怠	日

풀이

❖ 想像(상상) : 머릿속으로 그려서 생각함.

想	생각 상
像	형상 상
導	이끌 도
河	물 하
基	터기 기
室	집 실
漁	고기잡을 어
溝	도랑 구
怠	게으를 태
日	날 일

理想(이상)　妄想(망상)　瞑想(명상)
思想(사상)　豫想(예상)　回想(회상)
假像(가상)　群像(군상)　銅像(동상)
偶像(우상)　肖像(초상)　形像(형상)
導入(도입)　導出(도출)　教導(교도)
領導(영도)　引導(인도)　指導(지도)
河口(하구)　河馬(하마)　河川(하천)
江河(강하)　大河(대하)　渡河(도하)
基金(기금)　基盤(기반)　基準(기준)
基地(기지)　基礎(기초)　基本(기본)
室溫(실온)　客室(객실)　居室(거실)
教室(교실)　密室(밀실)　浴室(욕실)
漁具(어구)　漁撈(어로)　漁網(어망)
漁夫(어부)　漁船(어선)　漁業(어업)
溝地(구지)
排水溝(배수구)
怠慢(태만)　怠業(태업)
倦怠(권태)　懶怠(나태)
日沒(일몰)　日報(일보)
日常(일상)　日收(일수)

137

색한처럼 왜 그러니? 정말.

사오정의 한자학습방법

색	한	처	럼	왜	그	러	니	정	말
색	한	처	렴	외	구	려	니	정	말
色	漢	悽	廉	外	購	麗	泥	貞	末

풀이

❖ **色漢**(색한) : 여색을 몹시 좋아하는 사내. 치한.

色	빛 색	色度(색 도) 色相(색 상) 色素(색 소) 色情(색 정) 色紙(색 지) 色彩(색 채)	
漢	한수 한	巨漢(거 한) 怪漢(괴 한) 惡漢(악 한) 癡漢(치 한)	
悽	처참할처	悽然(처 연) 悽絶(처 절) 悽慘(처 참)	
廉	청렴할렴	廉價(염 가) 廉恥(염 치) 廉探(염 탐) 低廉(저 렴) 淸廉(청 렴) 破廉(파 렴)	
外	밖 외	外製(외 제) 外注(외 주) 外地(외 지) 外債(외 채) 外出(외 출) 外形(외 형)	
購	살 구	購讀(구 독) 購買(구 매) 購入(구 입) 購販場(구판장)	
麗	고울 려	麗句(여 구) 美麗(미 려) 秀麗(수 려) 華麗(화 려)	
泥	진흙 니	泥丘(이 구) 泥田(이 전) 泥中(이 중) 泥土(이 토)	
貞	곧을 정	貞潔(정 결) 貞淑(정 숙) 貞節(정 절) 偵探(정 탐)	
末	끝 말	末期(말 기) 末年(말 년) 末端(말 단) 末尾(말 미)	

138 서서히 저물어 가는 하루.

사오정의 한자학습방법

서	서	히	저	물	어	가	는	하	루
서	서	희	저	물	어	가	능	하	루
徐	徐	熙	著	勿	於	歌	能	下	屢

풀이

❖ 徐徐히 (서서히) : 천천히. 느릿느릿하게.

徐	천천히 서	徐行(서행)
		徐步(서보)
徐	천천히 서	徐步(서보)
		徐緩(서완)
熙	빛날 희	熙笑(희소)
		熙朝(희조)
著	나타낼 저	著名(저명)　著書(저서)　著述(저술)
		著者(저자)　著作(저작)　共著(공저)
勿	말 물	勿驚(물경)　勿論(물론)
		勿忘草(물망초)
於	어조사 어	於焉間(어언간)
		於中間(어중간)
歌	노래 가	歌曲(가곡)　歌劇(가극)　歌舞(가무)
		歌詞(가사)　歌手(가수)　歌謠(가요)
能	능할 능	可能(가능)　機能(기능)
		萬能(만능)　無能(무능)
下	아래 하	下午(하오)　下位(하위)
		下衣(하의)　下車(하차)
屢	자주 루	屢代(누대)　累世(누세)
		屢次(누차)

139

석양의 노을이 참 고와라!

사오정의 한자학습방법

석	양	의	노	을	이	참	고	와	라
석	양	의	노	을	이	참	고	와	라
夕	陽	意	奴	乙	爾	慘	痼	臥	羅

풀이

❖ 夕陽(석양) : 저녁 해. 저녁 나절.

夕	저녁 석	夕刊(석간)	夕飯(석반)	夕食(석식)
		秋夕(추석)	朝夕(조석)	七夕(칠석)
陽	볕 양	陽氣(양기)	陽地(양지)	落陽(낙양)
		斜陽(사양)	朝陽(조양)	暴陽(폭양)
意	뜻 의	意表(의표)	意向(의향)	介意(개의)
		隔意(격의)	決意(결의)	故意(고의)
奴	종 노	奴婢(노비)		
		奴隷(노예)		
乙	새 을	乙駁(을박)	乙巳(을사)	乙種(을종)
		乙丑(을축)	甲乙(갑을)	
爾	너 이	爾時(이시)	爾汝(이여)	
		爾餘(이여)		
慘	참혹할 참	慘劇(참극)	慘變(참변)	慘事(참사)
		慘死(참사)	慘狀(참상)	慘敗(참패)
痼	고질병 고	痼疾(고질)		
		痼疾病(고질병)		
臥	누울 와	臥龍(와룡)		
		臥病(와병)		
羅	그물 라	羅紗(나사)	羅城(나성)	
		羅漢(나한)	網羅(망라)	

140 선생님 안녕 하십니까요?

사오정의 한자학습방법

선	생	님	안	녕	하	십	니	까	요
선	생	임	안	녕	하	십	니	가	요
先	生	任	安	寧	荷	十	泥	加	謠

풀이

❖ 先生(선생) : 남을 가르치는 사람.
❖ 安寧(안녕) : 평안의 높임말. 사회가 평화롭고 질서가 흐트러지지 않음.

先	먼저 선	先決(선결)	先金(선금)	先納(선납)
		先代(선대)	先導(선도)	先頭(선두)
生	날 생	生疎(생소)	生水(생수)	生時(생시)
		生食(생식)	生辰(생신)	生涯(생애)
任	맡을 임	所任(소임)	信任(신임)	一任(일임)
		責任(책임)	就任(취임)	後任(후임)
安	평안할 안	安否(안부)	安眠(안면)	安心(안심)
		安危(안위)	安易(안이)	問安(문안)
寧	평안할 녕	康寧(강녕)	安寧(안녕)	
		寧日(영일)		
荷	멜 하	荷物(하물)	荷役(하역)	荷重(하중)
		入荷(입하)	出荷(출하)	
十	열 십	十戒(십계)	十代(십대)	十里(십리)
		十分(십분)	十字(십자)	十年(십년)
泥	진흙 니	泥丘(이구)	泥田(이전)	
		泥中(이중)	泥土(이토)	
加	더할 가	加工(가공)	加盟(가맹)	
		加算(가산)	加速(가속)	
謠	노래 요	歌謠(가요)	童謠(동요)	
		民謠(민요)	俗謠(속요)	

141 설명해 보아. 이해 되도록.

사오정의 한자학습방법

설	명	해	보	아	이	해	되	도	록
설	명	해	보	아	이	해	대	도	록
說	明	害	報	雅	理	解	臺	盜	祿

풀이

❖ 說明(설명) : 어떤 일의 내용이나 이유, 의의 따위를 알기 쉽게 밝혀서 말함.

❖ 理解(이해) : 사리를 분별하여 앎. 깨쳐 앎.

說	말씀 설	說敎(설교)	說得(설득)	說明(설명)
		說問(설문)	說破(설파)	說話(설화)
明	밝을 명	明示(명시)	明暗(명암)	明快(명쾌)
		明確(명확)	發明(발명)	表明(표명)
害	해칠 해	有害(유해)	陰害(음해)	自害(자해)
		障害(장해)	災害(재해)	沮害(저해)
報	고할 보	報恩(보은)	急報(급보)	朗報(낭보)
		壁報(벽보)	悲報(비보)	速報(속보)
雅	아담할 아	雅淡(아담)	雅量(아량)	雅號(아호)
		端雅(단아)	優雅(우아)	淸雅(청아)
理	이치 리	無理(무리)	病理(병리)	非理(비리)
		事理(사리)	修理(수리)	順理(순리)
解	풀 해	解決(해결)	解禁(해금)	解答(해답)
		解毒(해독)	解得(해득)	解法(해법)
臺	정자 대	壹是(일시)	壹意(일의)	
		壹百(일백)	壹千(일천)	
盜	도둑 도	盜難(도난)	盜用(도용)	
		盜賊(도적)	盜聽(도청)	
祿	녹 록	貫祿(관록)	國祿(국록)	
		福祿(복록)	俸祿(봉록)	

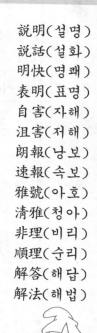

142 섬찍하더라. 그 말 듣고서.

사오정의 한자학습방법

섬	찍	하	더	라	그	말	듣	고	서
섬	직	하	도	라	구	말	득	고	서
纖	職	夏	刀	羅	軀	沫	得	古	徐

고사성어

❖ 我田引水(아전인수) : 자기 논에 물대기란 뜻으로, 자기에게 유리한 대로만 함.

纖	가늘 섬	纖細(섬세) 纖維(섬유) 合纖(합섬)	
職	벼슬 직	職權(직권) 職級(직급) 職分(직분) 職員(직원) 職位(직위) 職場(직장)	
夏	여름 하	夏季(하계) 夏期(하기) 夏服(하복) 夏節(하절) 夏至(하지) 盛夏(성하)	
刀	칼 도	刀劍(도검) 短刀(단도) 面刀(면도) 竹刀(죽도) 執刀(집도) 果刀(과도)	
羅	그물 라	羅紗(나사) 羅城(나성) 羅漢(나한) 網羅(망라) 新羅(신라)	
軀	몸 구	巨軀(거구) 老軀(노구) 體軀(체구)	
沫	거품 말	泡沫(포말)	
得	얻을 득	納得(납득) 利得(이득) 説得(설득) 所得(소득)	
古	옛 고	古宮(고궁) 古今(고금) 古都(고도) 古木(고목)	
徐	천천히 서	徐行(서행) 徐步(서보) 徐緩(서완)	

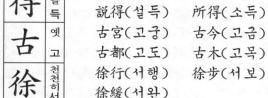

143 **섭섭하게 생각하지마, 응?**

사오정의 한자학습방법

섭	섭	하	게	생	각	하	지	마	응
섭	섭	하	개	생	각	하	지	마	응
燮	攝	荷	皆	生	恪	賀	脂	磨	凝

고사성어

❖ 良藥苦口(양약고구) : 좋은 약은 입에 쓰다는 말로, 충직한 말은 듣기는 싫으나 받아들이면 자신에게 이롭다는 뜻.

燮	화할 섭	燮和(섭화)		
攝	끌어잡을섭	攝理(섭리)	攝生(섭생)	攝氏(섭씨)
		攝政(섭정)	攝取(섭취)	包攝(포섭)
荷	멜 하	荷物(하물)	荷役(하역)	荷重(하중)
		入荷(입하)	出荷(출하)	
皆	모두 개	皆勤(개근)		
		皆旣蝕(개기식)		
生	날 생	生家(생가)	生計(생계)	生氣(생기)
		生理(생리)	生命(생명)	生母(생모)
恪	정성 각	恪別(각별)		
賀	하례할하	賀客(하객)	賀禮(하례)	慶賀(경하)
		謹賀(근하)	祝賀(축하)	致賀(치하)
脂	비계 지	脂肪(지방)	樹脂(수지)	
		牛脂(우지)	乳脂(유지)	
磨	갈 마	摩滅(마멸)	磨耗(마모)	
		硏磨(연마)	鍊磨(연마)	
凝	엉길 응	凝結(응결)	凝固(응고)	
		凝視(응시)	凝縮(응축)	

144 성질 한 번 고약 하더라고.

사오정의 한자학습방법

성	질	한	번	고	약	하	더	라	고
성	질	한	번	고	약	하	두	라	고
性	質	恨	飜	故	弱	何	杜	羅	固

풀이

❖ 性質(성질) : ① 날 때부터 가지고 있는 기질이나 성품. ② 사물이나 현상이 본디부터 가지고 있는, 다른 것과 구별되는 특징.

性	성품 성	性慾(성욕)	性質(성질)	性品(성품)
		性向(성향)	個性(개성)	根性(근성)
質	바탕 질	質量(질량)	質問(질문)	質疑(질의)
		氣質(기질)	同質(동질)	良質(양질)
恨	원한 한	恨歎(한탄)	餘恨(여한)	怨恨(원한)
		遺恨(유한)	痛恨(통한)	悔恨(회한)
飜	번역할 번	飜覆(번복)	飜案(번안)	飜譯(번역)
		飜意(번의)		
故	연고 고	故國(고국)	故事(고사)	故意(고의)
		故障(고장)	故鄕(고향)	事故(사고)
弱	약할 약	弱冠(약관)	弱點(약점)	弱化(약화)
		懦弱(나약)	微弱(미약)	貧弱(빈약)
何	어찌 하	何等(하등)	何必(하필)	誰何(수하)
		如何(여하)	幾何(기하)	抑何(억하)
杜	아가위 두	杜甫(두보)	杜詩(두시)	
		杜絶(두절)	杜門(두문)	
羅	그물 라	羅紗(나사)	羅城(나성)	
		羅漢(나한)	網羅(망라)	
固	견고할 고	固守(고수)	固有(고유)	
		固定(고정)	固執(고집)	

145 세상에 이런 일도 있다니.

사오정의 한자학습방법

세	상	에	이	런	일	도	있	다	니
세	상	애	이	련	일	도	익	다	니
世	上	哀	爾	連	壹	鍍	溺	多	泥

풀이

❖ 世上(세상) : 사회. 바깥 사회.

世界(세계)	世紀(세기)	世帶(세대)
世人(세인)	世態(세태)	世波(세파)
上京(상경)	上官(상관)	上級(상급)
上記(상기)	上納(상납)	上段(상단)
哀歌(애가)	哀悼(애도)	哀慕(애모)
哀惜(애석)	哀愁(애수)	哀願(애원)
爾時(이시)	爾汝(이여)	
爾餘(이여)		
連結(연결)	連絡(연락)	連累(연루)
連名(연명)	連席(연석)	連續(연속)
壹是(일시)	壹意(일의)	壹百(일백)
壹千(일천)	壹萬(일만)	壹億(일억)
鍍金(도금)		
金鍍金(금도금)		
溺死(익사)		
溺死者(익사자)		
多彩(다채)	多幸(다행)	
過多(과다)	雜多(잡다)	
泥丘(이구)	泥田(이전)	
泥中(이중)	泥土(이토)	

世 인간세
上 윗상
哀 슬플애
爾 너이
連 이을련
壹 한일
鍍 도금할도
溺 빠질익
多 많을다
泥 진흙니

146 소리내어 울어도 보았어.

사오정의 한자학습방법

소	리	내	어	울	어	도	보	았	어
소	리	내	어	울	어	도	보	악	서
所	李	內	御	蔚	語	蹈	普	惡	書

고사성어

❖ 言語道斷(언어도단) : 말문이 막힌다는 뜻으로 너무 어이없어서 말할 수 없음을 이름.

所 바 소		
李 오얏 리		
內 안 내		
御 어거할 어		
蔚 울창할 울		
語 말씀 어		
蹈 밟을 도		
普 넓을 보		
惡 악할 악		
書 글 서		

所感(소감)　　所見(소견)　　所管(소관)
所期(소기)　　所得(소득)　　所望(소망)
李氏(이씨)　　李朝(이조)　　李花(이화)
桃李(도리)
內服(내복)　　內部(내부)　　內紛(내분)
內賓(내빈)　　內査(내사)　　內需(내수)
御命(어명)　　御使(어사)　　御用(어용)
制御(제어)
蔚然(울연)
蔚興(울흥)
語感(어감)　　語句(어구)　　語頭(어두)
語尾(어미)　　語錄(어록)　　語源(어원)
舞蹈會(무도회)
舞蹈場(무도장)
普及(보급)　　普選(보선)
普通(보통)　　普遍(보편)
惡鬼(악귀)　　惡談(악담)
惡德(악덕)　　惡毒(악독)
書信(서신)　　書籍(서적)
書店(서점)　　書札(서찰)

147 **속속들이 어찌 다 알겠니?**

사오정의 한자학습방법

속	속	들	이	어	찌	다	알	겠	니
속	속	두	리	어	치	다	알	갱	니
速	粟	斗	裏	御	峙	多	謁	坑	泥

고사성어

❖ 五里霧中(오리무중) : 짙은 안개 속에서 길을 찾기 어려움과 같이 어떤 일에 대하여 알길이 없음을 일컫는 말.

速	빠를속
粟	조 속
斗	말 두
裏	속 리
御	어거할어
峙	산우뚝설치
多	많을 다
謁	뵐 알
坑	구덩이갱
泥	진흙니

速報(속보)　速成(속성)　速行(속행)
加速(가속)　過速(과속)　減速(감속)
粟米(속미)　粟田(속전)
一粟(일속)
斗屋(두옥)　斗升(두승)　北斗(북두)
泰斗(태두)
裏面(이면)　裏書(이서)
表裏(표리)
御使(어사)　御命(어명)　御用(어용)
制御(제어)
對峙(대치)
對峙狀況(대치상황)
多角(다각)　多感(다감)　多讀(다독)
多量(다량)　多忙(다망)　多發(다발)
謁見(알현)
拜謁(배알)
坑口(갱구)　坑内(갱내)
坑道(갱도)　坑木(갱목)
泥丘(이구)　泥田(이전)
泥中(이중)　泥土(이토)

148 손가락 하나라도 대지마.

사오정의 한자학습방법

손	가	락	하	나	라	도	대	지	마
손	가	락	하	나	라	도	대	지	마
孫	架	樂	河	那	羅	塗	貸	芝	馬

고사성어

❖ 烏飛一色(오비일색) : 까마귀가 모두 같은 색깔이라는 뜻으로, 모두 같은 종류 또는 피차 똑같음을 의미하는 말.

孫	손자손	孫子(손자)	宗孫(종손)	外孫(외손)
		曾孫(증손)	世孫(세손)	王孫(왕손)
架	시렁가	架橋(가교)	架設(가설)	書架(서가)
		十字架(십자가)		
樂	즐거울락	音樂(음악)	慰樂(위락)	快樂(쾌락)
		行樂(행락)	安樂(안락)	享樂(향락)
河	물하	氷河(빙하)	山河(산하)	運河(운하)
		銀河(은하)	河淸(하청)	
那	어찌나	那邊(나변)	支那(지나)	
		刹那(찰나)		
羅	그물라	羅紗(나사)	羅城(나성)	羅漢(나한)
		網羅(망라)	新羅(신라)	
塗	바를도	塗料(도료)	塗色(도색)	塗說(도설)
		塗裝(도장)	塗地(도지)	塗炭(도탄)
貸	빌릴대	貸金(대금)	貸付(대부)	
		貸損(대손)	貸與(대여)	
芝	지초지	靈芝(영지)		
		芝蘭之交(지란지교)		
馬	말마	馬脚(마각)	馬券(마권)	
		馬場(마장)	馬車(마차)	

149 수줍어 하는 그녀의 모습.

사오정의 한자학습방법

수	줍	어	하	는	그	녀	의	모	습
수	줍	어	하	능	구	녀	의	모	습
授	汁	魚	荷	能	口	女	宜	矛	襲

고사성어

❖ 溫故知新(온고지신) : 옛것을 익히고 그것으로 미루어 새 것을 알 수 있다는 뜻.

授	줄 수
汁	진액 즙
魚	몰고기어
荷	멜 하
能	능할 능
口	입 구
女	계집녀
宜	마땅의
矛	창 모
襲	엄습할습

授賞(수상)　　授受(수수)　　授業(수업)
授與(수여)　　授精(수정)　　教授(교수)
冷汁(냉즙)　　果汁(과즙)　　膽汁(담즙)
生汁(생즙)　　綠汁(녹즙)
大魚(대어)　　北魚(북어)　　養魚(양어)
銀漁(은어)　　人魚(인어)　　長魚(장어)
荷物(하물)　　荷役(하역)　　荷重(하중)
入荷(입하)　　出荷(출하)
性能(성능)　　藝能(예능)　　有能(유능)
才能(재능)　　全能(전능)　　效能(효능)
口令(구령)　　口辯(구변)　　口述(구술)
口實(구실)　　口演(구연)　　口傳(구전)
女警(여경)　　女流(여류)　　女僧(여승)
女神(여신)　　女兒(여아)　　女人(여인)
宜當(의당)
便宜(편의)
矛盾(모순)
矛盾點(모순점)
擊襲(격습)　　空襲(공습)
急襲(급습)　　奇襲(기습)

150 숙맥이었어. 이제껏 나는.

사오정의 한자학습방법

숙	맥	이	었	어	이	제	껏	나	는
숙	맥	이	억	서	이	제	거	나	능
菽	麥	弛	抑	瑞	二	帝	倨	那	能

풀이

❖ 菽麥(숙맥) : ①콩과 보리. ②콩인지 보리인지를 구별하지 못한다는 뜻에서 어리석고 못난 사람을 비유해서 이르는 말.

菽	콩 숙	菽麥(슉맥)		
		菽水(슉수)		
麥	보리 맥	麥芽(맥아)	麥酒(맥주)	小麥(소맥)
		原麥(원맥)		
弛	늦출 이	弛緩(이완)		
		解弛(해이)		
抑	누를 억	抑留(억류)	抑壓(억압)	抑制(억제)
		抑止(억지)	抑何(억하)	
瑞	상서로울 서	瑞光(서광)	瑞氣(서기)	
		祥瑞(상서)		
二	두 이	二等(이등)	二分(이분)	二重(이중)
		二次(이차)	二千(이천)	二億(이억)
帝	임금 제	帝王(제왕)	大帝(대제)	反帝(반제)
		日帝(일제)	皇帝(황제)	帝國(제국)
倨	거만할 거	倨慢(거만)	倨見(거견)	
		倨視(거시)		
那	어찌 나	那邊(나변)	支那(지나)	
		刹那(찰나)		
能	능할 능	能動(능동)	能力(능력)	
		能率(능률)	能熟(능숙)	

151 순수한 마음으로 대했어.

사오정의 한자학습방법

순	수	한	마	음	으	로	대	했	어
순	수	한	마	음	의	로	대	핵	서
純	粹	限	麻	淫	儀	魯	隊	核	暑

풀이

❖ 純粹(순수): ①다른 것이 조금도 섞임이 없음. ②마음에 딴
생각이나 그릇된 욕심이 전혀 없음.

純	순수할순
粹	순수할수
限	한정할한
麻	삼마
淫	음란할음
儀	거동의
魯	둔할로
隊	떼대
核	씨핵
暑	더울서

純潔(순결)　　　純金(순금)　　　純度(순도)
純朴(순박)　　　純白(순백)　　　純益(순익)
國粹(국수)
純粹(순수)
限度(한도)　　　局限(국한)　　　權限(권한)
年限(연한)　　　時限(시한)　　　制限(제한)
麻衣(마의)　　　麻雀(마작)
大麻(대마)
淫亂(음난)　　　淫談(음담)　　　淫蕩(음탕)
姦淫(간음)　　　手淫(수음)　　　催淫(최음)
儀禮(의례)　　　儀式(의식)　　　儀仗(의장)
儀典(의전)　　　賻儀(부의)　　　葬儀(장의)
魚魯不辨(어로불변)

入隊(입대)　　　除隊(제대)
中隊(중대)　　　編隊(편대)
核心(핵심)　　　結核(결핵)
核武器(핵무기)
暑記(서기)　　　大暑(대서)
處暑(처서)　　　暴暑(폭서)

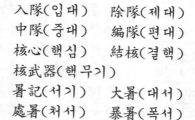

152 술책치고 너무 가혹했어.

사오정의 한자학습방법

술	책	치	고	너	무	가	혹	했	어
술	책	치	고	노	무	가	혹	행	서
術	策	稚	考	努	貿	苛	酷	行	署

풀이

❖ 術策(술책) : 꾀, 특히 남을 속이기 위한 꾀. 술수.

❖ 苛酷(가혹) : 몹시 모질고 독함.

術	재주 술
策	꾀 책
稚	어릴 치
考	상고할 고
努	힘쓸 노
貿	바꿀 무
苛	가혹할 가
酷	혹독할 혹
行	다닐 행
署	관청 서

術策(술책)　　技術(기술)　　美術(미술)
手術(수술)　　心術(심술)　　妖術(요술)
策略(책략)　　策定(책정)　　計策(계책)
國策(국책)　　對策(대책)　　妙策(묘책)
稚魚(치어)　　稚拙(치졸)
幼稚(유치)
考慮(고려)　　考査(고사)　　考試(고시)
考案(고안)　　備考(비고)　　熟考(숙고)
努力(노력)

貿易(무역)
密貿易(밀무역)
苛性(가성)　　苛重(가중)
苛責(가책)
酷毒(혹독)　　酷使(혹사)
酷評(혹평)　　酷寒(혹한)
決行(결행)　　苦行(고행)
慣行(관행)　　奇行(기행)
署理(서리)　　署名(서명)
署長(서장)　　官署(관서)

153 씁쓰레한 표정 짓지마. 응?

사오정의 한자학습방법

씁	쓰	레	한	표	정	짓	지	마	응
習	收	來	韓	表	情	集	指	磨	應
습	수	래	한	표	정	집	지	마	응

풀이

❖ 表情(표정) : 마음 속의 감정이나 정서 따위가 얼굴에 나타난 상태.

習	익힐 습
收	거둘 수
來	올 래
韓	나라 한
表	거죽 표
情	뜻 정
集	모을 집
指	손가락 지
磨	갈 마
應	응할 응

練習(연습)　　豫習(예습)　　因習(인습)
自習(자습)　　風習(풍습)　　學習(학습)
收監(수감)　　收去(수거)　　收金(수금)
收納(수납)　　收錄(수록)　　收容(수용)
來年(내년)　　來日(내일)　　來週(내주)
未來(미래)　　原來(원래)　　元來(원래)
韓國(한국)　　韓末(한말)　　韓美(한미)
韓服(한복)　　大韓(대한)　　來韓(내한)
表紙(표지)　　表彰(표창)　　表出(표출)
表皮(표피)　　表現(표현)　　辭表(사표)
情感(정감)　　情景(정경)　　情談(정담)
情夫(정부)　　情婦(정부)　　情分(정분)
集結(집결)　　集計(집계)　　集團(집단)
集約(집약)　　集合(집합)　　募集(모집)
指定(지정)　　指針(지침)
指稱(지칭)　　指彈(지탄)
摩滅(마멸)　　磨耗(마모)
研磨(연마)　　鍊磨(연마)
應諾(응낙)　　應答(응답)
應募(응모)　　應試(응시)

154 승리하는 그 날까지만은.

사오정의 한자학습방법

승	리	하	는	그	날	까	지	만	은
승	리	하	능	구	날	가	지	만	은
勝	利	下	能	求	捺	假	支	晩	慇

❖ 勝利(승리) : 겨루거나 싸워서 이김.

勝	이길 승	勝率(승률)	勝利(승리)	勝負(승부)
利	이로울 리	勝算(승산)	勝訴(승소)	勝敗(승패)
下	아래 하	利潤(이윤)	利率(이율)	利益(이익)
		利子(이자)	利點(이점)	利害(이해)
		下午(하오)	下位(하위)	下衣(하의)
能	능할 능	下肢(하지)	下車(하차)	下請(하청)
求	구할 구	可能(가능)	機能(기능)	萬能(만능)
		無能(무능)	本能(본능)	不能(불능)
捺	누를 날	求愛(구애)	求職(구직)	求婚(구혼)
		渴求(갈구)	要求(요구)	請求(청구)
假	거짓 가	捺印(날인)		
		署名捺印(서명날인)		
支	지탱할 지	假令(가령)	假面(가면)	假名(가명)
		假想(가상)	假飾(가식)	假定(가정)
晩	늦을 만	支撐(지탱)	支給(지급)	
		支配(지배)	支出(지출)	
慇	은근할 은	晩年(만년)	晩鍾(만종)	
		晩秋(만추)	晩學(만학)	
		慇懃(은근)		

155

시작하자. 목적을 향하여.

사오정의 한자학습방법

시	작	하	자	목	적	을	향	하	여
시	작	하	자	목	적	을	향	하	여
始	作	夏	自	目	的	乙	向	何	餘

풀이

❖ 始作(시작) : 무엇을 처음으로 하거나 쉬었다가 다시 함.
❖ 目的(목적) : ①이룩하거나 도달하려고 하는 목표나 방향. ②어떤 일
을 이루려고 뜻을 정함.

始	비로소시	開始(개시)	年始(연시)	原始(원시)
作	지을작	創始(창시)	始渡(시도)	始終(시종)
		作詞(작사)	作成(작성)	作業(작업)
		作用(작용)	作者(작자)	作戰(작전)
夏	여름하	夏季(하계)	夏期(하기)	夏服(하복)
		夏節(하절)	夏至(하지)	盛夏(성하)
自	스스로자	自覺(자각)	自決(자결)	自救(자구)
		自矜(자긍)	自己(자기)	自力(자력)
目	눈목	面目(면목)	名目(명목)	眼目(안목)
		題目(제목)	種目(종목)	品目(품목)
的	과녁적	目的(목적)	法的(법적)	物的(물적)
		病的(병적)	史的(사적)	私的(사적)
乙	새을	乙駁(을박)	乙巳(을사)	乙種(을종)
		乙丑(을축)	甲乙(갑을)	
向	향할향	向發(향발)	向方(향방)	
		向上(향상)	向後(향후)	
何	어찌하	何等(하등)	何必(하필)	
		誰何(수하)	如何(여하)	
餘	남을여	餘念(여념)	餘談(여담)	
		餘力(여력)	餘白(여백)	

156 씩씩하자, 이 순간부터 난.

사오정의 한자학습방법

씩	씩	하	자	이	순	간	부	터	난
식	식	하	자	이	순	간	부	터	난
植	飾	賀	者	貳	瞬	間	富	攄	暖

풀이

❖ 瞬間(순간) : 눈 깜짝할 사이. 잠간 동안. 찰라.

植	심을 식	植木(식목)	植物(식물)	植樹(식수)
		動植(동식)	腐植(부식)	移植(이식)
飾	꾸밀 식	假飾(가식)	服飾(복식)	裝飾(장식)
		修飾(수식)	虛飾(허식)	
賀	하례할하	賀客(하객)	賀禮(하례)	慶賀(경하)
		謹賀(근하)	祝賀(축하)	致賀(치하)
者	놈 자	强者(강자)	近者(근자)	讀者(독자)
		勝者(승자)	信者(신자)	業者(업자)
貳	두 이	貳心(이심)	貳拾(이십)	貳百(이백)
		貳千(이천)	貳萬(이만)	貳億(이억)
瞬	순간 순	瞬間(순간)		
		瞬息間(순식간)		
間	사이 간	間隔(간격)	間食(간식)	間接(간접)
		空間(공간)	區間(구간)	期間(기간)
富	부자 부	富者(부자)	富村(부촌)	
		甲富(갑부)	巨富(거부)	
攄	펼 터	攄得(터득)		
暖	따뜻할난	暖帶(난대)	暖流(난류)	
		暖房(난방)	溫暖(온난)	

157 신난다. 방해하지마라. 와!

사오정의 한자학습방법

신	난	다	방	해	하	지	마	라	와
신	난	다	방	해	하	지	마	라	와
辛	難	多	妨	害	河	止	馬	羅	瓦

풀이

❖ 妨害(방해) : 남의 일에 헤살을 놓아 못하게 함.

辛	매울 신	辛苦(신고) 辛辣(신랄) 千辛萬苦(천신만고)
難	어려울 난	難處(난처) 難航(난항) 難解(난해) 苦難(고난) 非難(비난) 險難(험난)
多	많을 다	多變(다변) 多福(다복) 多分(다분) 多少(다소) 多樣(다양) 多情(다정)
妨	방해할 방	妨害(방해)
害	해칠 해	害毒(해독) 害蟲(해충) 公害(공해) 冷害(냉해) 迫害(박해) 妨害(방해)
河	물 하	河口(하구) 河馬(하마) 河川(하천) 江河(강하) 大河(대하) 渡河(도하)
止	그칠 지	止揚(지양) 止熱(지열) 止血(지혈) 防止(방지) 抑止(억지) 沮止(저지)
馬	말 마	名馬(명마) 木馬(목마) 白馬(백마) 乘馬(승마)
羅	그물 라	羅紗(나사) 羅城(나성) 羅漢(나한) 網羅(망라)
瓦	기와 와	瓦器(와기) 瓦當(와당) 瓦解(와해)

158 실은 말이지, 지금 고독해.

사오정의 한자학습방법

실	은	말	이	지	지	금	고	독	해
실	은	말	이	지	지	금	고	독	해
實	恩	末	以	知	只	今	孤	獨	楷

풀이

❖ 只今(지금) : 이 시간. 현재. 시방. 이제 막.

❖ 孤獨(고독) : 외로움. 외로운 상태.

實 열매 실	實務(실무)	實物(실물)	實狀(실상)	
	實施(실시)	實在(실재)	實績(실적)	
恩 은혜 은	恩寵(은총)	恩惠(은혜)	忘恩(망은)	
	師恩(사은)	報恩(보은)	背恩(배은)	
末 끝 말	末日(말일)	結末(결말)	粉末(분말)	
	始末(시말)	月末(월말)	週末(주말)	
以 써 이	以內(이내)	以來(이래)	以熱(이열)	
	以外(이외)	以前(이전)	所以(소이)	
知 알 지	知覺(지각)	知性(지성)	知的(지적)	
	感知(감지)	諒知(양지)	未知(미지)	
只 다만 지	但只(단지)			
今 이제 금	今年(금년)	今日(금일)	今週(금주)	
	古今(고금)	方今(방금)	昨今(작금)	
孤 외로울 고	孤島(고도)	孤兒(고아)		
	孤寂(고적)	孤寒(고한)		
獨 홀로 독	獨立(독립)	獨房(독방)		
	獨白(독백)	獨善(독선)		
楷 해서 해	楷書(해서)	楷字(해자)		
	正楷(정해)			

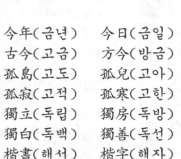

159 심심해 죽을 지경이야. 난.

사오정의 한자학습방법

심	심	해	죽	을	지	경	이	야	난
심	심	해	죽	을	지	경	이	야	난
深	甚	解	竹	乙	地	境	已	也	暖

풀이

❖ 地境(지경) : ①땅과 땅의 경계. ②어떤 처지나 형편.

深	깊을 심	深刻(심각)	深度(심도)	深夜(심야)
		深意(심의)	深醉(심취)	深層(심층)
甚	심할 심	甚惡(심악)	激甚(격심)	極甚(극심)
		滋甚(자심)		
解	풀 해	解剖(해부)	解散(해산)	解析(해석)
		解說(해설)	解約(해약)	解止(해지)
竹	대 죽	竹間(죽간)	竹刀(죽도)	竹林(죽림)
		竹筍(죽순)	竹槍(죽창)	松竹(송죽)
乙	새 을	乙駁(을박)	乙巳(을사)	乙種(을종)
		乙丑(을축)	甲乙(갑을)	
地	땅 지	地名(지명)	地方(지방)	地番(지번)
		地法(지법)	地獄(지옥)	地點(지점)
境	지경 경	境界(경계)	境遇(경우)	困境(곤경)
		國境(국경)	逆境(역경)	環境(환경)
已	이미 이	已往(이왕)		
		已往之事(이왕지사)		
也	어조사 야	獨也(독야)		
		是也(시야)		
暖	따뜻할 난	暖帶(난대)	暖流(난류)	
		暖房(난방)	溫暖(온난)	

160 십만원만 좀 빌려주라. 응?

사오정의 한자학습방법

십	만	원	만	좀	빌	려	주	라	응
십	만	원	만	종	빈	려	주	라	응
拾	萬	圓	滿	縱	頻	慮	宙	羅	凝

풀이

❖ 拾萬圓(십만원) : 만원 짜리의 열 배의 액수.

拾	열 십
萬	일만 만
圓	둥글 원
滿	찰 만
縱	세로 종
頻	자주 빈
慮	생각 려
宙	집 주
羅	그물 라
凝	엉길 응

拾萬(십만)　　百拾(백십)
拾得(습득)　　收拾(수습)
萬感(만감)　　萬年(만년)　　萬能(만능)
萬代(만대)　　萬無(만무)　　萬物(만물)
圓錐(원추)　　圓筒(원통)　　楕圓(타원)
團圓(단원)　　圓滿(원만)　　圓盤(원반)
滿期(만기)　　滿了(만료)　　滿面(만면)
滿發(만발)　　滿船(만선)　　滿員(만원)
縱斷(종단)　　縱隊(종대)　　縱書(종서)
縱的(종적)　　縱走(종주)　　縱橫(종횡)
頻度(빈도)　　頻發(빈발)
頻繁(빈번)
考慮(고려)　　無慮(무려)　　配慮(배려)
思慮(사려)　　心慮(심려)　　念慮(염려)
宇宙船(우주선)
宇宙人(우주인)
羅紗(나사)　　羅城(나성)
羅漢(나한)　　網羅(망라)
凝結(응결)　　凝固(응고)
凝視(응시)　　凝縮(응축)

161 쌍쌍이 몰려다니는 남녀.

사오정의 한자학습방법

쌍	쌍	이	몰	려	다	니	는	남	녀
쌍	쌍	이	몰	려	다	니	능	남	녀
雙	雙	耳	沒	勵	茶	泥	能	男	女

풀이

❖ 雙雙(쌍쌍) : 둘씩둘씩 짝을 이룬 상태.

❖ 男女(남녀) : 남자와 여자.

雙	둘 쌍	雙童(쌍동)	雙方(쌍방)	
		雙壁(쌍벽)		
雙	둘 쌍	雙手(쌍수)	雙胎(쌍태)	
		無雙(무쌍)		
耳	귀 이	耳目(이목)	耳順(이순)	耳炎(이염)
		馬耳(마이)	逆耳(역이)	牛耳(우이)
沒	빠질 몰	沒頭(몰두)	沒落(몰락)	沒殺(몰살)
		沒收(몰수)	沒入(몰입)	埋沒(매몰)
勵	힘쓸 려	激勵(격려)	督勵(독려)	
		獎勵(장려)		
茶	차 다	茶菓(다과)	茶道(다도)	茶禮(다례)
		茶房(다방)	茶室(다실)	
泥	진흙 니	泥丘(이구)	泥田(이전)	泥中(이중)
		泥土(이토)		
能	능할 능	性能(성능)	藝能(예능)	
		有能(유능)	本能(본능)	
男	사내 남	男根(남근)	男妹(남매)	
		男性(남성)	男便(남편)	
女	계집 녀	女警(여경)	女流(여류)	
		女僧(여승)	女神(여신)	

162 아아! 외로운 이 내 신세여!

사오정의 한자학습방법

아	아	외	로	운	이	내	신	세	여
아	아	외	로	운	이	내	신	세	여
亞	阿	畏	路	韻	而	耐	身	世	如

풀이

❖ 身世(신세) : ① 사람의 처지나 형편. ② 남에게 도움을 받거나 괴로움을 끼치는 일.

亞 버금 아	亞鉛(아연)	亞洲(아주)	
	東亞(동아)		
阿 아첨할 아	阿膠(아교)	阿附(아부)	阿洲(아주)
	阿諂(아첨)	阿片(아편)	
畏 두려울 외	敬畏(경외)		
	畏懼(외구)		
路 길 로	進路(진로)	行路(행로)	海路(해로)
	活路(활로)	回路(회로)	街路(가로)
韻 운율 운	韻律(운율)	韻文(운문)	韻致(운치)
	餘韻(여운)	音韻(음운)	
而 말이을 이	學而(학이)	刑而(형이)	
	似而非(사이비)		
耐 견딜 내	耐久(내구)	耐性(내성)	耐熱(내열)
	耐乏(내핍)	耐火(내화)	耐寒(내한)
身 몸 신	隱身(은신)	自身(자신)	
	全身(전신)	終身(종신)	
世 인간 세	世界(세계)	世紀(세기)	
	世帶(세대)	世上(세상)	
如 같을 여	如干(여간)	如一(여일)	
	如前(여전)	如此(여차)	

163

아름다운 그녀가 그립다.

사오정의 한자학습방법

아	름	다	운	그	녀	가	그	립	다
아	름	다	운	구	녀	가	구	립	다
餓	凜	茶	云	救	女	架	究	立	多

고사성어

❖ 優柔不斷(우유부단) : 연약해서 망설이기만 하고 결단
　력이 부족하여 끝을 맺지 못함.

餓 주릴 아	餓鬼(아귀)	餓死(아사)	
	飢餓(기아)		
凜 찰 름	凜烈(늠렬)	凜凜(늠름)	
	凜然(늠연)	凜秋(늠추)	
茶 차 다	茶菓(다과)	茶道(다도)	茶禮(다례)
	茶房(다방)	茶室(다실)	
云 이를 운	云謂(운위)		
救 구원할 구	救國(구국)	救命(구명)	救援(구원)
	救濟(구제)	救助(구조)	救護(구호)
女 계집 녀	女警(여경)	女流(여류)	女僧(여승)
	女神(여신)	女兒(여아)	女人(여인)
架 시렁 가	架橋(가교)	架設(가설)	書架(서가)
	十字架(십자가)		
究 궁구할 구	講究(강구)	硏究(연구)	
	推究(추구)	探究(탐구)	
立 설 립	立證(입증)	立志(입지)	
	立身(입신)	立憲(입헌)	
多 많을 다	多彩(다채)	多幸(다행)	
	過多(과다)	雜多(잡다)	

164 악착같이 살아서 뭐하니?

사오정의 한자학습방법

악	착	같	이	살	아	서	뭐	하	니
악	착	가	치	살	아	서	무	하	니
齷	齪	暇	馳	殺	娥	逝	霧	荷	泥

풀이

❖ 齷齪(악착) : ① 도량이 좁고 악지스러움. ② 아득바득하
는 것이 몹시 억척스러움.

齷	악착할악	齷齪(악착)
齪	아착착	齪齪(악착)
暇	한가할가	病暇(병가)　閑暇(한가) 休暇(휴가)
馳	달릴치	馳突(치돌)　驅馳(구치) 相馳(상치)
殺	죽일살	殺菌(살균)　殺伐(살벌)　殺傷(살상) 殺意(살의)　殺人(살인)　殺害(살해)
娥	예쁠아	娥英(아영) 姮娥(항아)
逝	갈서	逝去(서거) 急逝(급서)
霧	안개무	霧散(무산)　霧中(무중) 濃霧(농무)　雲霧(운무)
荷	멜하	荷物(하물)　荷役(하역) 荷重(하중)　入荷(입하)
泥	진흙니	泥丘(이구)　泥田(이전) 泥中(이중)　泥土(이토)

165

안심하지마. 불안하다야.

사오정의 한자학습방법

안	심	하	지	마	불	안	하	다	야
안	심	하	지	마	불	안	하	다	야
安	心	下	地	麻	不	安	夏	茶	也

풀이

❖ **安心(안심)**: 근심 걱정이 없이 마음을 편히 가짐.

❖ **不安(불안)**: 걱정이 되어 마음이 편하지 아니함, 또는 그런 마음.

安 평안할안	安寧(안녕)	安否(안부)	安眠(안면)
心 마음심	安心(안심)	安危(안위)	安易(안이)
下 아래하	決心(결심)	都心(도심)	童心(동심)
地 땅지	良心(양심)	銘心(명심)	女心(여심)
麻 삼마	下降(하강)	下級(하급)	下記(하기)
不 아니불	下段(하단)	下達(하달)	下落(하락)
安 평안할안	地主(지주)	地震(지진)	地表(지표)
夏 여름하	地形(지형)	客地(객지)	耕地(경지)
茶 차다	麻衣(마의)	麻雀(마작)	
也 어조사야	大麻(대마)		

麻衣(마의)　麻雀(마작)
大麻(대마)

不潔(불결)　不過(불과)　不利(불리)
不信(불신)　不應(불응)　不便(불편)
問安(문안)　未安(미안)　保安(보안)
慰安(위안)　治安(치안)　便安(편안)
夏季(하계)　夏期(하기)
夏服(하복)　夏節(하절)
茶菓(다과)　茶道(다도)
茶禮(다례)　茶房(다방)
獨也(독야)　是也(시야)

166

알겠니? 내가 왜 이러는지.

사오정의 한자학습방법

알	겠	니	내	가	왜	이	러	는	지
알	개	니	내	가	왜	이	려	능	지
謁	漑	泥	內	嘉	歪	異	呂	能	指

고사성어

❖ 有口無言(유구무언): 입은 있으나 말이 없다는 뜻으로, 변명할 말이 없거나 변명을 못함을 이름.

謁	뵐 알
漑	물댈 개
泥	진흙 니
內	안 내
嘉	아름다울 가
歪	비뚤 왜
異	다를 이
呂	음률 려
能	능할 능
指	손가락 지

謁見(알현)
拜謁(배알)
漑漑(관개)
灌漑施設(관개시설)
泥丘(이구)　　泥田(이전)　　泥中(이중)
泥土(이토)
內室(내실)　　內實(내실)　　內心(내심)
內譯(내역)　　內容(내용)　　內裝(내장)
嘉納(가납)　　嘉禮(가례)
嘉尚(가상)
歪曲(왜곡)
歷史歪曲(역사왜곡)
異見(이견)　　異端(이단)　　異例(이례)
異變(이변)　　異色(이색)　　異質(이질)
呂宋煙(여송연)
呂氏(여씨)
能動(능동)　　能力(능력)
能率(능률)　　能熟(능숙)
指導(지도)　　指名(지명)
指目(지목)　　指示(지시)

167 암 알고말고 그래 참아라.

사오정의 한자학습방법

암	알	고	말	고	그	래	참	아	라
암	알	고	말	고	구	래	참	아	라
暗	謁	高	沫	告	久	來	斬	娥	羅

고사성어

❖ 二律背反(이율배반) : 서로 모순되는 두 명제가 동등한 권리로 주장되는 일.

暗 어두울암		
謁 뵐 알		
高 높을 고		
沫 거품 말		
告 고할 고		
久 오랠 구		
來 올 래		
斬 벨 참		
娥 예쁠 아		
羅 그물 라		

暗記(암기)　　暗算(암산)　　暗殺(암살)
暗誦(암송)　　暗示(암시)　　暗鬪(암투)
謁見(알현)
拜謁(배알)
高見(고견)　　高貴(고귀)　　高級(고급)
高度(고도)　　高揚(고양)　　高潮(고조)
泡沫(포말)

告發(고발)　　告白(고백)　　告別(고별)
告訴(고소)　　告知(고지)　　廣告(광고)
耐久(내구)　　未久(미구)　　永久(영구)
悠久(유구)　　長久(장구)　　恒久(항구)
去來(거래)　　近來(근래)　　到來(도래)
本來(본래)　　往來(왕래)　　由來(유래)
斬屍(참시)　　斬新(참신)
斬刑(참형)
娥英(아영)
姮娥(항아)
羅紗(나사)　　羅城(나성)
羅漢(나한)　　網羅(망라)

168 압박해 오는 이 강박관념.

사오정의 한자학습방법

압	박	해	오	는	이	강	박	관	념
압	박	해	오	능	이	강	박	관	념
壓	迫	該	午	能	移	强	迫	觀	念

풀이

❖ 壓迫(압박) : 내려 누름. 내리 누름.
❖ 强迫觀念(강박관념) : 아무리 떨쳐 버리려 해도 자꾸 마음에 떠오르는
　불쾌함이나 불안한 생각.

壓	누를 압
迫	핍박할 박
該	해당할 해
午	낮 오
能	능할 능
移	옮길 이
强	강할 강
迫	핍박할 박
觀	볼 관
念	생각 념

壓卷(압권)　　壓倒(압도)　　壓迫(압박)
壓死(압사)　　壓勝(압승)　　壓縮(압축)
迫頭(박두)　　迫力(박력)　　迫眞(박진)
迫害(박해)　　强迫(강박)　　驅迫(구박)
該當(해당)
該博(해박)
午睡(오수)　　午前(오전)　　午餐(오찬)
午後(오후)　　上午(상오)　　正午(정오)
可能(가능)　　機能(기능)　　萬能(만능)
無能(무능)　　本能(본능)　　不能(불능)
移管(이관)　　移動(이동)　　移民(이민)
移徙(이사)　　移送(이송)　　移植(이식)
强健(강건)　　强攻(강공)　　强國(강국)
强度(강도)　　强力(강력)　　强制(강제)
急迫(급박)　　緊迫(긴박)
壓迫(압박)　　臨迫(임박)
觀客(관객)　　觀光(관광)
觀覽(관람)　　觀點(관점)
想念(상념)　　信念(신념)
留念(유념)　　理念(이념)

169 **앙심먹고 보복할 것 같애.**

사오정의 한자학습방법

앙	심	먹	고	보	복	할	것	같	애
앙	심	묵	고	보	복	할	거	가	태
快	心	墨	枯	報	復	轄	巨	嫁	殆

풀이

❖ 快心(앙심) : 원한을 품고 앙갚음 하기를 벼르는 마음.

❖ 報復(보복) : 앙갚음. 불이익을 끼쳐 앙갚음하는 일.

快 원망할앙	快宿(앙숙)	
心 마음심	心琴(심금) 心慮(심려)	心氣(심기) 心理(심리)	心亂(심난) 心算(심산)
墨 먹묵	墨字(묵자) 墨畵(묵화)	墨池(묵지) 硯墨(연묵)	墨香(묵향)
枯 마를고	枯渴(고갈) 榮枯(영고)	枯木(고목)	枯葉(고엽)
報 갚을보	報告(보고) 報償(보상)	報答(보답) 報酬(보수)	報道(보도)
復 돌아불복	復古(복고) 復權(복권)	復校(복교) 復歸(복귀)	復舊(복구) 復習(복습)
轄 다스릴할	管轄(관할) 統轄(통할)	直轄(직할)	
巨 클거	巨金(거금) 巨木(거목)	巨大(거대) 巨物(거물)	
嫁 시집갈가	改嫁(개가) 轉嫁(전가)	再嫁(재가) 出嫁(출가)	
殆 위태할태	殆半(태반)	危殆(위태)	

170 애정이 식은 후엔 미운 정.

사오정의 한자학습방법

애	정	이	식	은	후	엔	미	운	정
애	정	이	식	은	후	애	미	운	정
愛	情	伊	殖	恩	後	涯	尾	雲	情

풀이

❖ 愛情(애정): 사랑하는 정. 사랑하고 귀여워하는 마음. 이성을
그리워하여 끌리는 마음. 사랑. 연정.

愛	사랑 애
情	뜻 정
伊	저 이
殖	번식할 식
恩	은혜 은
後	뒤 후
涯	물가 애
尾	꼬리 미
雲	구름 운
情	뜻 정

愛稱(애칭)　　愛鄕(애향)　　愛好(애호)
求愛(구애)　　博愛(박애)　　熱愛(열애)
情感(정감)　　情景(정경)　　情談(정담)
情夫(정부)　　情婦(정부)　　情分(정분)
伊太利(이태리)
黃眞伊(황진이)
殖財(식재)　　利殖(이식)　　繁殖(번식)
生殖(생식)　　養殖(양식)　　增殖(증식)
恩功(은공)　　恩德(은덕)　　恩師(은사)
恩人(은인)　　恩寵(은총)　　恩惠(은혜)
後食(후식)　　後援(후원)　　後任(후임)
後者(후자)　　後退(후퇴)　　後患(후환)
生涯(생애)　　水涯(수애)
天涯(천애)
尾行(미행)　　交尾(교미)
大尾(대미)　　末尾(말미)
雲霧(운무)　　雲峯(운봉)
雲集(운집)　　雲海(운해)
情事(정사)　　情緒(정서)
情勢(정세)　　情熱(정열)

171 액자 속의 사진조차 운다.

사오정의 한자학습방법

액	자	속	의	사	진	조	차	운	다
액	자	속	의	사	진	조	차	운	다
額	字	屬	疑	寫	眞	助	借	運	多

풀이

❖ 額字(액자) : 그림·글씨·사진 등을 넣어 벽에 걸기 위한 틀.
❖ 寫眞(사진) : 사진기로 물체의 화상을 찍어 내는 기술, 또는 인화지에 나타난 그 화상.

額	이마 액	額面(액면)	額數(액수)	高額(고액)
		金額(금액)	殘額(잔액)	差額(차액)
字	글자 자	字幕(자막)	字源(자원)	文字(문자)
		俗字(속자)	額字(액자)	略字(약자)
屬	붙을 속	屬國(속국)	屬性(속성)	歸屬(귀속)
		配屬(배속)	附屬(부속)	所屬(소속)
疑	의심할 의	疑懼(의구)	疑問(의문)	疑心(의심)
		疑訝(의아)	疑惑(의혹)	質疑(질의)
寫	베낄 사	寫本(사본)	寫眞(사진)	謄寫(등사)
		模寫(모사)	描寫(묘사)	複寫(복사)
眞	참 진	眞否(진부)	眞相(진상)	眞率(진솔)
		眞實(진실)	眞心(진심)	眞僞(진위)
助	도울 조	助手(조수)	助演(조연)	共助(공조)
		救助(구조)	內助(내조)	補助(보조)
借	빌릴 차	借款(차관)	借名(차명)	
		借用(차용)	借入(차입)	
運	운전할 운	運命(운명)	運搬(운반)	
		運送(운송)	運營(운영)	
多	많을 다	多角(다각)	多感(다감)	
		多讀(다독)	多量(다량)	

172 야속한 그 사람, 미운 그대.

사오정의 한자학습방법

야	속	한	그	사	람	미	운	그	대
야	속	한	구	사	람	미	운	구	대
野	俗	寒	句	沙	藍	迷	韻	舊	垈

풀이

❖ 野俗(야속) : ① 인정머리 없고 쌀쌀함. ② 섭섭함.

野	들 야
俗	풍속 속
寒	찰 한
句	글귀 구
沙	모래 사
藍	푸를 람
迷	미혹할 미
韻	운율 운
舊	옛 구
垈	터 대

野圈(야권)	野望(야망)	野薄(야박)
野卑(야비)	野山(야산)	野生(야생)
俗談(속담)	俗物(속물)	俗説(속설)
俗稱(속칭)	民俗(민속)	低俗(저속)
寒氣(한기)	寒帶(한대)	寒流(한류)
寒波(한파)	寒害(한해)	寒雪(한설)
句節(구절)	名句(명구)	文句(문구)
詩句(시구)	語句(어구)	絶句(절구)
沙果(사과)	沙器(사기)	沙漠(사막)
沙汰(사태)	沙土(사토)	黃沙(황사)
藍縷(남루)	藍色(남색)	
搖籃(요람)		
迷宮(미궁)	迷路(미로)	迷信(미신)
迷兒(미아)	迷惑(미혹)	昏迷(혼미)
韻律(운율)	韻文(운문)	
韻致(운치)	餘韻(여운)	
舊慣(구관)	舊面(구면)	
舊式(구식)	舊屋(구옥)	
垈田(대전)	垈地(대지)	

173 약속이나 말걸 후회 된다.

사오정의 한자학습방법

약	속	이	나	말	걸	후	회	된	다
약	속	이	나	말	걸	후	회	대	다
約	束	弛	那	末	傑	後	悔	袋	多

풀이

❖ 約束(약속) : 어떤 일에 대하여 어떻게 하기로 미리 정해 놓고 서로 어기지 않을 것을 다짐함.
❖ 後悔(후회) : 이전의 잘못을 뉘우침.

約 맺을 약	約款(약관)	約定(약정)	約婚(약혼)
	契約(계약)	誓約(서약)	先約(선약)
束 묶을 속	束縛(속박)	結束(결속)	拘束(구속)
	團束(단속)		
弛 늦출 이	弛緩(이완)		
	解弛(해이)		
那 어찌 나	那邊(나변)	支那(지나)	
	刹那(찰나)		
末 끝 말	末期(말기)	末年(말년)	末端(말단)
	末尾(말미)	末世(말세)	末葉(말엽)
傑 호걸 걸	傑物(걸물)	傑作(걸작)	傑出(걸출)
	女傑(여걸)	人傑(인걸)	豪傑(호걸)
後 뒤 후	後期(후기)	後門(후문)	後聞(후문)
	後輩(후배)	後拂(후불)	後食(후식)
悔 뉘우칠 회	悔改(회개)	悔心(회심)	
	悔恨(회한)	懺悔(참회)	
袋 자루 대	包袋(포대)		
	布袋(포대)		
多 많을 다	多變(다변)	多福(다복)	
	多分(다분)	多少(다소)	

사오정 한자 배불리기

174 양 어깨를 쫙피고 걸어라.

사오정의 한자학습방법

양	어	깨	를	쫙	피	고	걸	어	라
양	어	개	률	작	피	고	걸	어	라
兩	語	改	率	昨	彼	姑	傑	御	羅

고사성어 ❖ 仁者無敵(인자무적) : 어진 사람은 모든 사람을 사랑하
므로 적대하는 사람이 없음을 말함.

兩	둘 량
語	말씀 어
改	고칠 개
率	비율 률
昨	어제 작
彼	저 피
姑	시어미 고
傑	호걸 걸
御	어거할 어
羅	그물 라

兩家(양가)　　兩國(양국)　　兩極(양극)
兩端(양단)　　兩立(양립)　　兩面(양면)
語調(어조)　　語套(어투)　　語學(어학)
國語(국어)　　單語(단어)　　蜜語(밀어)
改良(개량)　　改名(개명)　　改善(개선)
改說(개설)　　改修(개수)　　改定(개정)
能率(능률)　　勝率(승률)　　確率(확률)
比率(비율)　　稅率(세율)　　利率(이율)
昨今(작금)　　昨年(작년)
昨日(작일)
彼我(피아)　　彼此(피차)
彼日(피일)
姑婦(고부)　　姑從(고종)　　姑母(고모)
堂姑(당고)　　王姑母(왕고모)
傑物(걸물)　　傑作(걸작)
傑出(걸출)　　女傑(여걸)
御命(어명)　　御使(어사)
御用(어용)　　制御(제어)
羅紗(나사)　　羅城(나성)
羅漢(나한)　　網羅(망라)

175

어머머 정말 죄송합니다.

사오정의 한자학습방법

어	머	머	정	말	죄	송	합	니	다
어	모	모	정	말	죄	송	합	니	다
魚	母	謀	靜	沫	罪	悚	合	泥	茶

풀이

❖ 罪悚(죄송) : 죄스럽고 황송함.

魚 물고기어	魚卵(어란)	魚類(어류)	魚物(어물)
	魚肉(어육)	魚種(어종)	魚貝(어패)
母 어미모	母校(모교)	母女(모녀)	母船(모선)
	母情(모정)	母體(모체)	老母(노모)
謀 꾀할모	謀略(모략)	謀免(모면)	謀反(모반)
	謀叛(모반)	謀議(모의)	謀陷(모함)
靜 고요정	靜肅(정숙)	靜寂(정적)	靜的(정적)
	動靜(동정)	安靜(안정)	鎭靜(진정)
沫 거품말	泡沫(포말)		
罪 허물죄	罪科(죄과)	罪名(죄명)	罪狀(죄상)
	罪悚(죄송)	罪人(죄인)	謝罪(사죄)
悚 두려울송	悚懼(송구)	悚然(송연)	
	惶悚(황송)		
合 합할합	合本(합본)	合算(합산)	
	合席(합석)	合宿(합숙)	
泥 진흙니	泥丘(이구)	泥田(이전)	
	泥中(이중)	泥土(이토)	
茶 차다	茶菓(다과)	茶道(다도)	
	茶禮(다례)	茶房(다방)	

180 사오정 한자 배불리기

176 억지부리지마 그건 안돼.

사오정의 한자학습방법

억	지	부	리	지	마	그	건	안	돼
억	지	부	리	지	마	구	건	안	대
抑	止	婦	裡	紙	磨	具	鍵	雁	大

고사성어 ❖ 一絲不亂(일사불란) : 한 오라기의 실도 어지럽지 않음.
곧 질서가 정연하여 조금도 헝크러진데나 어지러움이 없음.

| 抑 누를억 |
|抑 止 婦 裡 紙 磨 具 鍵 雁 大|

抑 누를억
止 그칠지
婦 지어미부
裡 속 리
紙 종이지
磨 갈 마
具 갖출구
鍵 자물쇠건
雁 기러기안
大 큰 대

抑留(억류)　抑壓(억압)　抑制(억제)
抑何(억하)　抑止(억지)
止揚(지양)　止熱(지열)　止血(지혈)
防止(방지)　停止(정지)　制止(제지)
婦德(부덕)　婦人(부인)　姑婦(고부)
寡婦(과부)　裸婦(나부)　新婦(신부)
腦裡(뇌리)
暗暗裡(암암리)
壁紙(벽지)　別紙(별지)　色紙(색지)
用紙(용지)　表紙(표지)　便紙(편지)
摩滅(마멸)　磨耗(마모)　硏磨(연마)
鍊磨(연마)
具備(구비)　具色(구색)　具現(구현)
家具(가구)　道具(도구)　玩具(완구)
鍵盤(건반)
關鍵(관건)
雁堂(안당)　雁席(안석)
雁素(안소)　雁行(안행)
大使(대사)　大賞(대상)
大成(대성)　大勝(대승)

177 언제 그랬나 싶어 따졌지.

사오정의 한자학습방법

언	제	그	랬	나	싶	어	따	졌	지
언	제	구	랭	나	십	어	타	저	지
言	諸	具	冷	那	拾	漁	他	貯	持

고사성어

❖ 一日三秋(일일삼추) : 하루가 삼 년 같다는 뜻으로, 몹시 기다리는 것이 지루할 때의 형용하여 비유한 말.

言 말씀 언	言及(언급)	言動(언동)	言論(언론)
	言約(언약)	言語(언어)	言爭(언쟁)
諸 모두 제	諸國(제국)	諸君(제군)	諸島(제도)
	諸般(제반)	諸位(제위)	諸賢(제현)
具 함께 구	俱現(구현)		
	俱樂部(구락부)		
冷 찰 냉	冷水(냉수)	冷嚴(냉엄)	冷戰(냉전)
	冷情(냉정)	冷徹(냉철)	冷害(냉해)
那 어찌 나	那邊(나변)	支那(지나)	
	刹那(찰나)		
拾 열 십	拾萬(십만)	百拾(백십)	
	拾得(습득)	收拾(수습)	
漁 고기잡을 어	漁場(어장)	漁港(어항)	漁況(어황)
	漁獲(어획)	出漁(출어)	豊漁(풍어)
他 다를 타	他界(타계)	他校(타교)	
	他國(타국)	他道(타도)	
貯 쌓을 저	貯金(저금)	貯水(저수)	
	貯藏(저장)	貯蓄(저축)	
持 가질 지	持論(지론)	持病(지병)	
	持分(지분)	持參(지참)	

178 언감생심, 네가 날 넘보아.

사오정의 한자학습방법

언	감	생	심	네	가	날	넘	보	아
언	감	생	심	니	가	날	념	보	아
焉	敢	生	心	泥	稼	捺	念	譜	衙

풀이

❖ 焉敢生心(언감생심) : 감히 그런 마음을 품을 수도 없음.
'어찌 감히 그런 마음을 먹을 수 있으랴' 는 뜻으로 쓰임.

焉	어찌 언
敢	구태여 오
生	날 생
心	마음 심
泥	진흙 니
稼	농사 가
捺	누를 날
念	생갓 념
譜	계보 보
衙	마을 아

於焉間(어언간)
焉敢生心(언감생심)
敢鬪(감투)   敢行(감행)   果敢(과감)
勇敢(용감)
生物(생물)   生父(생부)   生死(생사)
生産(생산)   生鮮(생선)   生成(생성)
心情(심정)   心性(심성)   心術(심술)
心弱(심약)   心的(심적)   心中(심중)
泥丘(이구)   泥田(이전)   泥中(이중)
泥土(이토)
稼得(가득)
稼動率(가동률)
捺印(날인)
署名捺印(서명날인)
念願(염원)   念慮(염려)
念願(염원)   概念(개념)
家譜(가보)   系譜(계보)
年譜(연보)   樂譜(악보)
官衙(관아)

179

엄살부리지마 해내야 돼.

사오정의 한자학습방법

엄	살	부	리	지	마	해	내	야	돼
엄	살	부	리	지	마	해	내	야	대
嚴	殺	否	履	旨	馬	害	乃	夜	代

고사성어

❖ 自手成家(자수성가) : 물려받은 재산이 없이 스스로의 힘으로 목적을 달성함.

嚴	엄할엄
殺	죽일살
否	아니부
履	밟을지
旨	뜻지
馬	말마
害	해칠해
乃	이에내
夜	밤야
代	대신대

嚴格(엄격)　　嚴禁(엄금)　　嚴命(엄명)
嚴密(엄밀)　　嚴罰(엄벌)　　嚴選(엄선)
殺菌(살균)　　殺伐(살벌)　　殺傷(살상)
殺意(살의)　　殺人(살인)　　殺害(살해)
否決(부결)　　否認(부인)　　否定(부정)
可否(가부)　　安否(안부)　　與否(여부)
履歷(이력)　　履修(이수)
履行(이행)

敎旨(교지)　　論旨(논지)　　要旨(요지)
遺旨(유지)　　主旨(주지)　　趣旨(취지)
馬脚(마각)　　馬券(마권)　　馬場(마장)
馬車(마차)　　競馬(경마)　　犬馬(견마)
病害(병해)　　殺害(살해)　　傷害(상해)
損害(손해)　　水害(수해)　　危害(위해)
乃至(내지)　　乃終(내종)
人乃天(인내천)
夜行(야행)　　夜話(야화)
晝夜(주야)　　徹夜(철야)
代表(대표)　　代行(대행)
交代(교대)　　時代(시대)

180 업신여기지마 난 해낸다.

사오정의 한자학습방법

업	신	여	기	지	마	난	해	낸	다
업	신	여	기	지	마	난	해	냉	다
業	申	汝	企	祉	麻	暖	海	冷	多

고사성어

❈ 作心三日(작심삼일) : 한 번 결심한 것이 사흘을 가지 않음. 곧 결심이 굳지 못함을 가리키는 말.

業	업 업
申	납 신
汝	너 여
企	꾀 할 기
祉	복 지
麻	삼 마
暖	따뜻할 난
海	바 다 해
冷	찰 냉
多	많을 다

農業(농업)　同業(동업)　本業(본업)
副業(부업)　分業(분업)　産業(산업)
申告(신고)　申請(신청)　内申(내신)
上申(상신)　稟申(품신)　甲申(갑신)
汝等(여등)　余輩(여배)
汝矣島(여의도)
企待(기대)　企圖(기도)　企劃(기획)
企業(기업)　企調(기조)
福祉(복지)
福祉施設(복지시설)
麻衣(마의)　麻雀(마작)
大麻(대마)
暖帶(난대)　暖流(난류)　暖房(난방)
溫暖(온난)　寒暖(한난)
海女(해녀)　海東(해동)
海諒(해량)　海路(해로)
冷血(냉혈)　冷酷(냉혹)
急冷(급랭)　溫冷(온랭)
多彩(다채)　多幸(다행)
過多(과다)　雜多(잡다)

181 여러모로, 쓸모있을꺼야.

사오정의 한자학습방법 🐤

여	러	모	로	쓸	모	있	을	꺼	야
여	려	모	로	슬	모	잉	술	거	야
與	侶	矛	露	膝	募	剩	述	去	野

고사성어

❖ 轉禍爲福(전화위복) : 화가 바뀌어 복이 됨. 곧 언짢은 일이 계기가 되어 도리어 행운을 맞게 됨을 이름.

與	줄 여	與件(여건)	與圈(여권)	與否(여부)
	짝 려	與信(여신)	與野(여야)	賞與(상여)
侶		伴侶(반려)		
	창 모	僧侶(승려)		
矛		矛盾(모순)		
	이슬 로	矛盾狀態(모순상태)		
露		露骨(노골)	露宿(노숙)	露店(노점)
	무릎 슬	露天(노천)	露出(노출)	發露(발노)
膝		膝下(슬하)		
	뽑을 모	偏母膝下(편모슬하)		
募		募金(모금)	募兵(모병)	募集(모집)
	남을 잉	公募(공모)	急募(급모)	應募(응모)
剩		剩餘(잉여)		
	지을 술	過剩(과잉)		
述		記述(기술)	略述(약술)	
		論述(논술)	敍述(서술)	
去	갈 거	去來(거래)	去留(거류)	
		去處(거처)	去就(거취)	
野	들 야	野俗(야속)	野營(야영)	
		野外(야외)	野慾(야욕)	

182 여자는 여우, 남자는 늑대

사오정의 한자학습방법

여	자	는	여	우	남	자	는	늑	대
여	자	능	여	우	남	자	능	륵	대
女	子	能	予	又	男	子	能	勒	待

풀이

❖ 女子(여자) : 여성인 사람. 여성다운 계집.

❖ 男子(남자) : 남성인 사람. 남성다운 사내.

女	계집 녀
子	아들 자
能	능할 능
予	나 여
又	또 우
男	사내 남
子	아들 자
能	능할 능
勒	굴레 륵
待	기다릴 대

女警(여경)　　女流(여류)　　女僧(여승)
女神(여신)　　女兒(여아)　　女人(여인)
長子(장자)　　精子(정자)　　因子(인자)
親子(친자)　　卓子(탁자)　　孝子(효자)
性能(성능)　　藝能(예능)　　有能(유능)
才能(재능)　　全能(전능)　　效能(효능)
予奪(여탈)　　予取(여취)
予求(여구)
又重之(우중지)
又況(우황)
男根(남근)　　男妹(남매)　　男性(남성)
男便(남편)　　長男(장남)　　次男(차남)
子孫(자손)　　子正(자정)　　子弟(자제)
利子(이자)　　分子(분자)
能動(능동)　　能力(능력)
能率(능률)　　能熟(능숙)
彌勒佛(미륵불)

待遇(대우)　　待接(대접)
待避(대피)　　企待(기대)

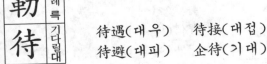

183 역시, 넌 최고야, 넌 짱이야.

사오정의 한자학습방법

역	시	넌	최	고	야	넌	짱	이	야
역	시	론	최	고	야	론	장	이	야
亦	是	論	最	高	野	論	長	爾	耶

풀이

❖ 亦是(역시) : ① 또한. ② 예상한 대로.
❖ 最高(최고) : ① 가장 높음. ② 가장 나음.

亦 또 역	亦是(역시)	
	亦然(역연)	
是 이 시	是認(시인)	是正(시정)	是非(시비)
	必是(필시)	或是(혹시)
論 의논할 논	論考(논고)	論告(논고)	論及(논급)
	論難(논란)	論理(논리)	論文(논문)
最 가장 최	最短(최단)	最大(최대)	最上(최상)
	最先(최선)	最小(최소)	最長(최장)
高 높을 고	高潔(고결)	高價(고가)	高級(고급)
	高度(고도)	高尚(고상)	高額(고액)
野 들 야	野圈(야권)	野望(야망)	野薄(야박)
	野卑(야비)	野山(야산)	野生(야생)
論 의논할 의	論駁(논박)	論說(논설)	論述(논술)
	論議(논의)	論爭(논쟁)	論評(논평)
長 길 장	課長(과장)	館長(관장)	
	校長(교장)	局長(국장)	
爾 너 이	爾時(이시)	爾汝(이여)	
	爾餘(이여)	
耶 어조사 야	無耶(무야)	有耶(무야)	

184 연구해 보자, 긍정적으로.

사오정의 한자학습방법

연	구	해	보	자	긍	정	적	으	로
연	구	해	보	자	긍	정	적	의	로
研	究	亥	補	姉	肯	定	的	誼	老

풀이

❖ 研究(가격) : 사물을 깊이 생각하거나 자세히 밝힘
❖ 肯定的(긍정적) : 어떤 사실이나 생각 따위를 그러하다고 인정하는 것

	갈 연	研究(연구) 研磨(연마)
	궁구할 구	研修(연수)
	돼지 해	究明(구명) 講究(강구) 推究(추구)
		研究(연구) 探究(탐구) 學究(학구)
		亥年(해년) 乙亥(을해) 丁亥(정해)
		亥時(해시) 亥日(해일)
	도울 보	補强(보강) 補缺(보결) 補給(보급)
	맏누이자	補償(보상) 補修(보수) 補身(보신)
		姉妹(자매) 姉母(자모)
		姉兄(자형)
	즐길 긍	肯定(긍정)
		首肯(수긍)
	정할 정	定價(정가) 定刻(정각) 定款(정관)
		定規(정규) 定立(정립) 定時(정시)
	과녁 적	目的(목적) 法的(법적)
		物的(물적) 病的(병적)
	옳을 의	交誼(교의) 友誼(우의)
		好誼(호의) 厚誼(후의)
	늙을 로	老軀(노구) 老鍊(노련)
		老母(노모) 老松(노송)

연고 지향적인 사고방식

사오정의 한자학습방법

연	고	지	향	적	인	사	고	방	식
연	고	지	향	적	인	사	고	방	식
緣	故	志	向	的	忍	思	考	方	式

풀이

❖ 緣故志向的(연고지향적) : 혈연지역 등으로 쏠리어 향하는 것.

❖ 思考方式(사고방식) : 어떤 문제를 궁리하고 헤아리는 방식.

緣 인연연	緣故(연고)	緣分(연분)	緣由(연유)
故 연고고	結緣(결연)	内緣(내연)	惡緣(악연)
	故國(고국)	故意(고의)	故障(고장)
	故鄕(고향)	別故(별고)	作故(작고)
志 뜻지	同志(동지)	有志(유지)	遺志(유지)
	意志(의지)	寸志(촌지)	鬪志(투지)
向 향할향	動向(동향)	性向(성향)	意向(의향)
	志向(지향)	趣向(취향)	風向(풍향)
的 과녁적	心的(심적)	外的(외적)	靜的(정적)
	標的(표적)	橫的(횡적)	
忍 참을인	忍苦(인고)	忍耐(인내)	强忍(강인)
	隱忍(은인)	殘忍(잔인)	
思 생각사	思考(사고)	思慕(사모)	思想(사상)
	思索(사색)	思惟(사유)	思潮(사조)
考 시험고	考慮(고려)	考試(고시)	
	考案(고안)	考證(고증)	
方 모방	近方(근방)	秘方(비방)	
	雙方(쌍방)	一方(일방)	
式 법식	式順(식순)	式場(식장)	
	格式(격식)	公式(공식)	

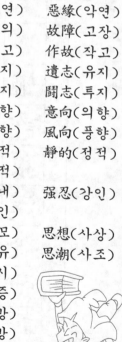

185

186 열렬히 사랑한 사이였다.

사오정의 한자학습방법

열	렬	히	사	랑	한	사	이	였	다
열	렬	희	사	랑	한	사	이	역	다
熱	烈	姬	詐	狼	漢	査	弛	譯	茶

풀이

❖ 熱烈(열렬) : 흥분하거나 열중하거나 하여 태도나 행동이 걷잡을 수 없이 세참.

熱 더울 렬		
烈 매울 렬		
姬 계집 희		
詐 속일 사		
狼 이리 랑		
漢 한수 한		
査 조사할 사		
弛 늦출 이		
譯 통역할 역		
茶 차 다		

熱狂(열광)　熱氣(열기)　熱望(열망)
熱病(열병)　熱誠(열성)　熱意(열의)
烈女(열녀)　烈士(열사)　烈婦(열부)
烈火(열화)　先烈(선열)　義烈(의열)
歌姬(가희)　舞姬(무희)
美姬(미희)
詐欺(사기)　詐取(사취)
詐稱(사칭)
狼藉(낭자)　狼狽(낭패)
虎狼(호랑)
漢文(한문)　漢方(한방)　漢詩(한시)
漢陽(한양)　漢字(한자)　漢族(한족)
査頓(사돈)　査定(사정)　査察(사찰)
監査(감사)　檢査(검사)　考査(고사)
弛緩(이완)
解弛(해이)
譯者(역자)　內譯(내역)
飜譯(번역)　意譯(의역)
茶菓(다과)　茶道(다도)
茶禮(다례)　茶房(다방)

187 염려하지마, 난 해낼꺼야

사오정의 한자학습방법

염	려	하	지	마	난	해	낼	꺼	야
염	려	하	지	마	난	해	랭	거	야
念	慮	何	志	磨	暖	解	冷	距	冶

풀이

❖ 念慮(염려) : 마음을 놓지 못함. 걱정함

念	생각 념
慮	생각할 려
何	어찌 하
志	뜻 지
磨	갈 마
暖	따뜻할 난
解	풀 해
冷	찰 랭
距	떨어질 거
冶	쇠불릴 야

想念(상념)　　信念(신념)　　留念(유념)
理念(이념)　　雜念(잡념)　　執念(집념)
考慮(고려)　　無慮(무려)　　配慮(배려)
思慮(사려)　　心慮(심려)　　念慮(염려)
何等(하등)　　何必(하필)　　誰何(수하)
如何(여하)　　幾何(기하)　　抑何(억하)
志望(지망)　　志士(지사)　　志願(지원)
志操(지조)　　志向(지향)　　立志(입지)
摩滅(마멸)　　磨耗(마모)　　研磨(연마)
鍊磨(연마)
暖帶(난대)　　暖流(난류)　　暖房(난방)
溫暖(온난)　　寒暖(한난)
解決(해결)　　解禁(해금)　　解答(해답)
解毒(해독)　　解得(해득)　　解法(해법)
冷却(냉각)　　冷氣(냉기)
冷淡(냉담)　　冷待(냉대)
距離(거리)
距離感(거리감)
冶金(야금)　　　陶冶(도야)

188 엽서 한 장에 그 정성담아,

사오정의 한자학습방법

엽	서	한	장	에	그	정	성	담	아
엽	서	한	장	애	구	정	성	담	아
葉	書	旱	章	涯	拘	精	誠	擔	兒

풀이

❖ 葉書(엽서) : 〈우편엽서〉의 준말.

❖ 精誠(정성) : 온갖 성의를 다하려는 참되고 거짓이 없는 마음.

葉	잎사귀엽	葉書(엽서) 　 葉茶(엽차) 　 末葉(말엽) 中葉(중엽) 　 初葉(초엽)
書	글서	書架(서가) 　 書庫(서고) 　 書記(서기) 書類(서류) 　 書面(서면) 　 書式(서식)
旱	가물한	旱魃(한발) 　 旱災(한재) 旱害(한해)
章	글장	肩章(견장) 　 文章(문장) 　 腕章(완장) 印章(인장) 　 指章(지장) 　 憲章(헌장)
涯	물가애	生涯(생애) 　 水涯(수애) 天涯(천애)
拘	잡을구	拘禁(구금) 　 拘留(구류) 　 拘束(구속) 拘引(구인) 　 不拘束(불구속)
精	정할정	精巧(정교) 　 精力(정력) 　 精算(정산) 精選(정선) 　 精銳(정예) 　 精神(정신)
誠	정성성	誠金(성금) 　 誠實(성실) 誠意(성의) 　 熱誠(열성)
擔	질담	擔當(담당) 　 擔保(담보) 擔任(담임) 　 加擔(가담)
兒	아이아	兒童(아동) 　 兒役(아역) 孤兒(고아) 　 迷兒(미아)

189 **영원한 내 배필을 얻었다.**

사오정의 한자학습방법

영	원	한	내	배	필	을	얻	었	다
영	원	한	내	배	필	을	어	덕	다
永	遠	汗	内	配	匹	乙	於	德	多

풀이
❖ 永遠(영원) : 언제까지고 계속하여 끝이 없음.
❖ 配匹(배필) : 부부로서의 짝. 배우자.

永	길 영
遠	멀 원
汗	땀 한
内	안 내
配	짝 배
匹	짝 필
乙	새 을
於	어조사 어
德	큰 덕
多	많을 다

永劫(영겁)   永久(영구)   永慕(영모)
永生(영생)   永世(영세)   永遠(영원)
遠隔(원격)   遠大(원대)   遠視(원시)
遠心(원심)   遠洋(원양)   遠征(원정)
汗蒸(한증)   發汗(발한)
不汗黨(불한당)
内在(내재)   内的(내적)   内定(내정)
内助(내조)   内通(내통)   内包(내포)
配付(배부)   配分(배분)   配食(배식)
配定(배정)   配置(배치)   配合(배합)
匹夫(필부)   匹敵(필적)   配匹(배필)
匹馬(필마)
乙駁(을박)   乙巳(을사)   乙種(을종)
乙丑(을축)   甲乙(갑을)
於焉間(어언간)
於中間(어중간)
德談(덕담)   德望(덕망)
德目(덕목)   德分(덕분)
多角(다각)   多感(다감)
多讀(다독)   多量(다량)

190 예술이야, 그대의 미소는

사오정의 한자학습방법

예	술	이	야	그	대	의	미	소	는
예	술	이	야	구	대	의	미	소	능
藝	術	二	冶	區	對	誼	微	笑	能

풀이

❖ 藝術(예술) : 어떤 일정한 재료와 기교 등으로 미를 창조하고 표현하는 인간의 활동. 곧 문학·음악·회화·조각·연극 따위.
❖ 微笑(미소) : 소리를 내지 않고 빙긋이 웃는 웃음.

藝	재주 예	藝能(예능)	藝名(예명)	曲藝(곡예)
		技藝(기예)	陶藝(도예)	文藝(문예)
術	재주 술	術策(술책)	技術(기술)	美術(미술)
		手術(수술)	心術(심술)	妖術(요술)
二	두 이	二等(이등)	二分(이분)	二重(이중)
		二次(이차)	二千(이천)	二億(이억)
冶	쇠불릴 야	冶金(야금)		
		陶冶(도야)		
區	구역 구	區間(구간)	區民(구민)	區別(구별)
		區分(구분)	區域(구역)	地區(지구)
對	대할 대	對立(대립)	對面(대면)	對辯(대변)
		對備(대비)	對比(대비)	對象(대상)
誼	옳을 의	交誼(교의)	友誼(우의)	好意(호의)
		厚誼(후의)		
微	작을 미	微動(미동)	微力(미력)	
		微明(미명)	微妙(미묘)	
笑	웃음 소	笑顔(소안)	談笑(담소)	
		冷笑(냉소)	失笑(실소)	
能	능할 능	可能(가능)	機能(기능)	
		萬能(만능)	無能(무능)	

191 오늘 나는 그녀를 만났다.

사오정의 한자학습방법

오	늘	나	는	그	녀	를	만	났	다
오	눌	나	능	구	녀	률	만	낙	다
誤	訥	那	能	驅	女	律	滿	諾	茶

고사성어

❖ 鳥足之血(조족지혈) : 새발의 피라는 뜻으로 극히 작고, 적은 분량을 비유하는 말.

誤	그릇될오	誤記(오기)	誤答(오답)	誤報(오보)
		誤算(오산)	誤用(오용)	誤認(오인)
訥	말더듬을눌	訥辯(눌변)	訥言(눌언)	
		語訥(어눌)		
那	어찌나	那邊(나변)	支那(지나)	
		刹那(찰나)		
能	능할능	性能(성능)	藝能(예능)	有能(유능)
		才能(재능)	全能(전능)	效能(효능)
驅	몰구	驅迫(구박)	驅步(구보)	驅使(구사)
		驅逐(구축)	驅蟲(구충)	先驅(선구)
女	계집녀	女警(여경)	女流(여류)	女僧(여승)
		女神(여신)	女兒(여아)	女人(여인)
律	법률	韻律(운율)	自律(자율)	調律(조율)
		他律(타율)	二律(이율)	
滿	찰만	滿足(만족)	未滿(미만)	
		圓滿(원만)	充滿(충만)	
諾	허락낙	承諾(승낙)	應諾(응낙)	
		受諾(수락)	快諾(쾌락)	
茶	차다	茶菓(다과)	茶道(다도)	
		茶房(다방)	茶室(다실)	

192 와 이러노. 이제 그만 좀 해.

사오정의 한자학습방법

와	이	러	노	이	제	그	만	좀	해
와	이	려	노	이	제	구	만	종	해
臥	貳	黎	怒	以	製	鷗	慢	宗	奚

고사성어

❖ 走馬加鞭(주마가편) : 달리는 말에 채찍질한다는 말로, 부지런하고 성실한 사람을 더 격려함을 이르는 말.

臥	누울 와	臥龍(와룡)	臥病(와병)	
		臥薪(와신)		
貳	두 이	貳心(이심)	貳拾(이십)	貳白(이백)
		貳千(이천)	貳萬(이만)	貳億(이억)
黎	검을 려	黎明(여명)		
		黎明期(여명기)		
怒	성낼 노	激怒(격노)	憤怒(분노)	震怒(진노)
		大怒(대노)	喜怒(희노)	怒發(노발)
以	써 이	以北(이북)	以上(이상)	以外(이외)
		以下(이하)	以後(이후)	所以(소이)
製	지을 제	製鋼(제강)	製菓(제과)	製糖(제당)
		製圖(제도)	製造(제조)	製品(제품)
鷗	갈매기 구	白鷗(백구)		
		海鷗(해구)		
慢	거만할 만	慢性(만성)	倨慢(거만)	
		驕慢(교만)	緩慢(완만)	
宗	마루 종	宗族(종족)	宗親(종친)	
		宗派(종파)	宗會(종회)	
奚	어찌 해	奚琴(해금)	奚奴(해노)	